国家自然科学基金项目（71171131）和国家自然科学基金委创新研究群体（71421002）研究专著
本书由上海交通大学安泰经济与管理学院出版基金资助

知识产品在线定制市场交易机制设计

葛如一　张朋柱　著

上海交通大学出版社

内容提要

本书主要围绕知识产品在线定制市场的交易机制展开，在一般交易机制理论的基础上融合了知识产品在线定制市场的特点，阐述了如何通过设计和选择合理的交易机制来提高知识产品在线定制市场的市场效率和用户收益。本书的内容可以帮助知识产品在线定制市场的设计者更加合理地设计交易机制，同时也为一般交易机制设计理论提供了新的知识。本书可供在线市场的设计者、研究者和管理者参考。

图书在版编目(CIP)数据

知识产品在线定制市场交易机制设计/葛如一，张朋柱著. —上海：上海交通大学出版社，2015

ISBN 978-7-313-14355-6

Ⅰ.①知… Ⅱ.①葛…②张… Ⅲ.①知识经济—市场交易—研究
Ⅳ.①F713.584

中国版本图书馆 CIP 数据核字(2015)第 312537 号

知识产品在线定制市场交易机制设计

著　　者：葛如一　张朋柱
出版发行：上海交通大学出版社　　地　　址：上海市番禺路 951 号
邮政编码：200030　　电　　话：021-64071208
出 版 人：韩建民
印　　制：上海天地海设计印刷有限公司　　经　　销：全国新华书店
开　　本：787mm×960mm　1/16　　印　　张：8.25
字　　数：144 千字
版　　次：2015 年 12 月第 1 版　　印　　次：2015 年 12 月第 1 次印刷
书　　号：ISBN 978-7-313-14355-6/F
定　　价：29.00 元

前　言

近年来，随着知识经济和互联网的迅速发展，在线知识产品交易日益增多，国内外出现了一种专门服务于知识产品定制交易的在线市场。经过几年的努力，大部分的知识产品在线定制市场已完成了市场培育工作，市场的进一步发展亟需理论指导。

本书首先对知识产品在线定制市场中的主要交易成本因素及其治理机制进行了系统的分析，分析表明交易机制是一种重要的交易成本治理机制，在知识产品在线定制市场中最常用的两种交易机制是竞赛和招标。然后，本书把竞赛和招标的一般理论与知识产品在线定制的交易特征紧密结合，以交易机制的选择和设计为主线，对竞赛和招标机制进行了详细分析，回答了以下问题：

(1) 在知识产品在线定制市场中，应该怎样根据任务的类型选择合适的交易机制？

(2) 在知识产品在线定制市场中，竞赛组织者应该怎样分配竞赛奖金？

(3) 在知识产品在线定制市场中，竞赛组织者应该如何对竞赛中参赛者的表现给予反馈？

(4) 在知识产品在线定制市场中，招标是否有效？应该如何保证有竞标成本的招标有效？

(5) 在知识产品在线定制市场中，招标具有什么样的信息结构特征？招标是否成功与信息结构的安排是否相关？

通过对上述问题的回答，本书可以帮助知识产品在线定制市场的设计者和使用者更好地了解和认识市场的特点，并在此基础上设计和选择更加合理有效的交易机制，提高设计者和使用者的收益。

本书共由七章组成。第一章阐明问题背景和意义，系统介绍国内外相关研究。第二章从知识产品在线定制交易的特点出发，找出此类交易中主要的交易成本因素，引出作为重要成本治理机制的两种交易机制——竞赛和招标。第三章分别从市场需求方和市场设计者的角度出发，分析竞赛和招标在不同交易条件下的表现，并刻画这两种交易机制各自适用的范围。第四章讨论知识产品在线竞赛中的奖金分配问题。第五章讨论知识产品在线竞赛中的反馈策略问题。第六章讨论在具有可变竞标成本的知识产品在线招标中竞标者的均衡策略及招标有效性问题。第七章对知识产品在线招标中的信息结构加以梳理，并利用案例和数据对知识产品在线招标中招标者的偏好显示和质量描述等特点进行探索性实证分析。

目 录

第一章
绪　论

1.1　背景介绍

1996年，世界经合组织发表了题为“以知识为基础的经济”的报告，指出进入21世纪后人类的发展将更加倚重自己的知识和智能，知识产品的生产、交易和消费在经济中所占的比重将不断增加，最终知识经济将取代工业经济成为主导型经济形态。21世纪的第一个10年见证了知识经济的蓬勃发展：脑力劳动者的数量不断增加；知识密集型的高技术产业和新型服务业迅速发展；实物产品中脑力劳动成果所占比重越来越大，并逐渐脱离实物产品，以独立的知识产品形态参与商品流通。世界经济正如预料的那样逐渐步入知识经济时代。

知识产品是指由人们的脑力劳动完成的、可为外人感知的、具有财产属性的产品(南振兴2003，周俊强2004)。由于知识产品是脑力劳动的成果，具有无形、可数字化的特点，非常容易在网络上传播，所以自20世纪90年代起，以互联网为媒介的知识产品在线交易开始迅速发展。知识产品在线交易可分为两类：一类是成品交易，另一类是定制交易。成品交易是指知识产品在交易前已经完成生产，交易双方直接就知识产品的使用权或所有权进行交易。定制交易是指需求方和供应方签订合同，由供应方根据合同要求生产知识产品，生产完后再把知识产品的使用权或所有权交付给需求方。

早期的知识产品在线交易以成品交易为主，规模较大的交易市场有美国的Yet2、德国的Innovation Market、日本的E-Technomart和我国的CTEX等。进入21世纪后，定制型知识产品在线交易开始兴起，较为典型的有软件在线外包、设计在线外包、创意在线征集，等等。定制交易的特点在于产品是按需求方指定的要求来生产的。由于企业和个人对于知识产品存在着大量的个性化的需求，而知识工作者的脑力劳动又具有高度柔性化的特点，所以知识产品在线定制具有巨大的发展潜力。

目前，世界上尤其是美国已经出现了一批服务于知识产品在线定制交易的专业市场，比如专注于技术创新产品定制的 InnoCentive. com 和 NineSigma. com，专注于软件产品定制的 TopCoder. com 以及专注于中小企业知识产品定制的 Elance. com 和 Guru. com。我们将这些市场统称为知识产品在线定制市场。知识产品在线定制市场作为一个第三方平台，为知识产品的供需双方提供了一个交易场所，方便他们互相匹配，就个性化的知识产品需求达成交易。这些个性化需求有大有小、有难有易，大的难的如 Prize4Life 基金会出资 100 万美元在 InnoCentive 上征集可用于跟踪 ALS 疾病进程的生物标志，小的容易的如有人花几十美元在 Elance 上请人修改一个网站页面。

在我国，以威客网站为代表的知识产品在线定制市场自 2005 年起迅速发展起来。威客网站的基本模式是由需求方发布一个任务，然后通过网站向网民征集完成任务的最佳方案。一旦需求方选定中标者或中标方案，需求方将向其支付一定的报酬。目前威客网上比较多的任务有策划、设计、撰写、程序、劳务和建网站等类别。国内市场上主流的威客网站包括任务中国、猪八戒网、K68 等。由于可供交易的知识产品包括工作、学习、生活中的各个领域，并且参与门槛很低，吸引了包括在校大学生、退休的工程师和科技人员等大量知识型人才的积极参与。据《中国威客商业模式及投资前景研究报告》的数据，我国威客经过几年发展，已由 60 万人激增到 900 万人。

通过知识产品在线定制市场，每一个人都可以将自己的知识、技能、经验作为一种无形的知识资本通过网络进行销售，将其转化为个人的财富，同时也可以通过网络来寻求自己需要的知识产品。知识产品在线定制市场可以帮助实现知识供应方和需求方的高效、低成本的知识供需匹配，实现技术和人的有机结合，可以降低知识产品生产的地域成本、交易成本和渠道成本，通过交易加速知识的流动，实现知识的获取、存储、传递和利用，使个人知识的价值和整个社会的知识财富增加，因此该类市场具有巨大数量的潜在用户和广阔的发展前景。

然而值得注意的是，虽然近年来国内外的知识产品在线定制市场不断发展，交易额、交易量、用户数量持续增长，但是目前该类市场所提供的服务还比较简单，增值型服务较少。如果市场不能持续创新，提升效率和用户收益，那么当市场培育的工作完成后，交易量和用户数的增长就会停滞，市场的发展就会进入瓶颈阶段。为了维持市场的持续发展，市场的组织者和设计者有必要对市场上的各类运行机制进行系统的梳理和改造，提升各类机制的合理性和有效性，帮助市场上的供求双方获得更大的价值体验。

1.2 关键概念界定

本书内容围绕知识产品在线定制市场的交易机制展开，本节将对“知识产品”、“在线定制”和“交易机制”等关键概念做逐一说明和界定。

1.2.1 知识产品

南振兴(2003)认为知识是人类高级复杂脑力劳动的成果，是人类大脑创造性思维形成的创意、构想、认知等，它生成于人类大脑并以大脑为载体，外人无法感知。只有通过脑外显化后，知识变为知识产品，才能被外人感知并用于交易和消费。因此，他把知识产品定义为人类大脑创造性思维认知的、具有脑外表达形式的、享有知识产权的知识。脑外表达形式可以是文字、语音、行为语言，等等。

南振兴(2003)还认为知识产权制度的导入使得浩如烟海的知识分成了三大部分：尚未脑外物化表达从而属于人类精神的知识可称为“知识”。赋予知识产权的人类大脑外化表达的知识可称为“知识产品”。在知识产权法给定的时限内，知识产品享有垄断性的知识产权，知识产权人不仅可以独占知识产品，而且有权控制其知识产品的再生产和消费。而知识产品的知识产权时限一旦届满，其便会立即进入公用领域，成为“公共产品”。简而言之，只有新知识的物质表达才是知识产品，知识产权法定时间届满后的知识成为一种非经济物品，不属于知识产品的范畴。

与南振兴的观点类似，周俊强(2004)认为知识产品是人脑创造性活动的成果，如科学上的新发现、技术上的新发明；有具体的表现形式，如文字、图表等；并且是知识产权所保护的客体。他把知识产品定义为人类在改造自然和社会的实践中，通过支出脑力劳动，依靠知识、智力等要素进行创造性活动的成果，并以一定形式表现出来的一种自然科学、社会科学的成就。他指出，只有当知识凝结为智力成果并以某种产品的形式表现出来时，才能发生具体的、法律上的专有权利，成为一种可为法律保护的财产。

国外的研究中并没有直接与“知识产品”对应的学术用语。比较常见的是将知识分为显性知识(Explicit Knowledge)和隐性知识(Tacit Knowledge)。这一分类方法是英国哲学家波兰尼(Michael Polanyi)于1958年在其代表作《个体知识》中首次提出的。他认为人类的知识有两种，通常被描述为知识的，即以书面文字、图表和数学公式加以表述的，只是一种类型的知识。而未被表述的知识，比如我们在做某事的行动中所拥有的知识，是另一种知识。他把前者称为显性知识，而将后者称为隐性知识。按照波兰尼的理解，显性知识是能够被人类以一定的符码系统（最典型的是语言，也包括数学公式、各类图表、盲文、手势语、旗语等诸种符号形式）加以完整表述的知识；隐性知识和显性知识相对，是指那种我们知道但难以言述的知识。从上述显性知识和隐性知识的定义，我们可以发现，显性知识和南振兴（2003）、周俊强（2004）所定义的知识产品非常类似，是指一种有具体表现形式的、可为他人感知的知识，但是两者还是存在一定的区别，南振兴（2003）、周俊强（2004）所定义的知识产品非常强调知识的财产属性，而波兰尼所提出的显性知识则不一定具备财产属性。举个例子，万有引力定律可以用文字和数学公式的方式表述出来，毫无疑问是一种显性知识，但是该定律已经成为人类的公共知识，不具有财产属性，因此并不属于知识产品的范畴。

另一个国外学者经常使用的与知识产品有关的概念是“信息商品”（Information Goods）。Varian（1998）定义信息商品为所有可以被数字化的商品，随后许多学者都沿用了该定义（Bakos & Brynjolfsson 1999，Chen & Png 2003，Sandararajan 2004）。知识产品具有文字、公式、图表、语音、行为语言等多种表现方式，但无论基于哪种表现方式，知识产品都可以被数字化。因此，知识产品是一种信息商品。但是，信息商品并不一定是知识产品。例如，实时的天气情况是一种信息商品，因为它可被数字化，并具有信息价值，可作为商品进行交易和消费。但是，实时的天气情况只是对事物的客观记录，并不是人类大脑创造性劳动的成果，因此并不属于知识产品。由此可见，信息商品是一个比知识产品更大的范畴，知识产品只是信息商品中的一部分。

在本书中，我们沿用南振兴（2003）和周俊强（2004）的定义，认为知识产品是由脑力劳动所生产出来的、具有具体表现形式、可为外人感知的、具有财产属性、受法律保护的一种商品。

1.2.2 在线定制

本书的“在线定制”具有两层含义：第一，交易是在在线市场上进行的；第二，交易的类型是定制交易。

所谓在线市场就是指市场是构建在互联网上的，所以在线市场也被称为网上市场或电子市场。Bakos（1998）指出，市场（无论是否在线）都具有三大功能：①匹配交易双方；②为交易中信息的交互、商品或服务的配送、资金的支付提供便利；

③为交易的顺利完成提供一系列的保障制度。而在线市场和非在线市场相比可以提供更加个人化、客户化的商品；可以降低客户的搜寻成本；可以支持新的定价方法；还可以使得市场中的信息交互、商品或服务配送、资金支付更加便利(Bailey & Bakos 1998, Riggins 1998)。由于知识产品可以被数字化，可直接通过互联网进行配送，所以很适合在在线市场上交易。

所谓定制交易是指需求方和供应方签订合同，由供应方根据合同要求生产知识产品，生产完后再把知识产品的使用权或所有权交付给需求方。在定制交易中供应方是指根据每位客户的需求进行生产，而不是按统一的规格进行生产。定制交易和成品交易最本质的区别在于：在定制交易开始时，所要交易的商品还没有被生产出来，商品的生产过程是包含在交易过程中的；而成品交易中的商品是在交易开始前就已经完成生产了。李心祥等(2001)认为知识产品主要是以没有物化的无形的服务形式出现。消费主体对知识产品的需求具有较强的个性化特征，因此知识产品的生产者应该采用专业化的柔性生产来满足市场需求。而这种专业化柔性生产的极致就是定制生产，相应的交易也就是定制交易。

1.2.3　交易机制

在线市场不只是一个让供需双方进行交易的虚拟空间，更是一整套保证交易能够顺利进行的规章制度。在市场制度的安排下，市场上的交易方可进行标准化交易，而不需要进行单独谈判。这种标准化的交易模式不仅可以简化和加速交易，还可以产生规模效应，聚集人气。

Gogolin & Klein(2005)描述了在线市场制度体系的主要组成部分，如图 1-1 所示。从图中可以看出，在线市场的制度体系主要包括两部分：商业模式和保障机

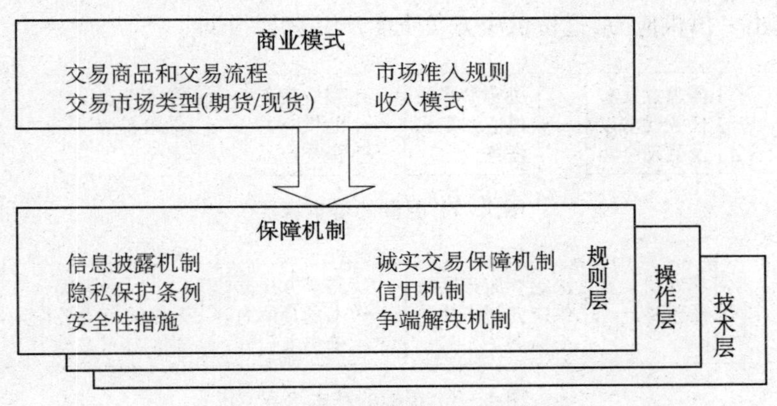

图 1-1　在线市场制度体系模型

制。商业模式是最基础的市场设计，包括交易什么，怎样交易，和谁交易以及如何收费。保障机制则是市场运营者为了保障商业模式的顺利实施而设计的辅助机制。在线市场中的保障机制是分层次实现的，最高层是规则，中间层是根据规则而制订的操作流程，底层则是操作流程的技术实现。在线市场运营方和交易双方的特点会对市场商业模式和保障机制的设计产生影响。

在上述市场制度体系中，商业模式是整个体系的基础，是市场设计者首先需要考虑的问题。对于知识产品在线定制市场而言，商业模式中的交易商品（知识产品）和交易市场类型（期货）是确定的，而交易流程、市场准入规则和收入模式则是不确定的，存在较大的设计空间。交易流程也可被称为交易机制，简单地说就是市场中的交易双方按什么样的步骤来进行交易。本书的研究围绕交易机制展开，讨论在知识产品在线定制市场中应如何设计和使用这些交易机制。

知识产品在线定制市场中存在由各种因素引起的交易成本，为了减轻这些交易成本，现实中的市场大多选择了两种交易机制（详细解释见第二章）：竞赛和招标。这两种交易机制覆盖了绝大多数的知识产品在线定制交易，是知识产品在线定制市场的主要交易机制类型。竞赛的具体步骤是：先由需求方发布定制任务，同时给出奖金金额，供应方决定是否参赛，如果参赛，那么供应方要在规定时间内完成任务，并提交产品，然后由需求方根据所有参赛者提交的产品评选出优胜者并给予奖金，如图 1-2 所示。招标的具体步骤是：先由需求方发布定制任务，供应方决定是否参加竞标，如果参加，那么竞标者需要提交标书，标书内容包括任务报价、完成时间、任务完成方案等。需求方评估了所有标书后确定中标者，然后由中标者完成任务并获得报酬，如图 1-3 所示。两者最大的区别在于：在竞赛中，众多供应方一起生产，然后需求方根据产品情况决定谁获得报酬；在招标中，需求方从众多供应方中选出一位供应方，这位供应方负责生产并获得报酬。

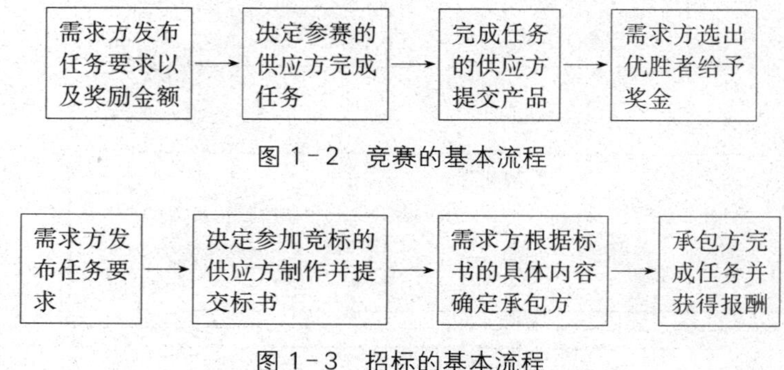

图 1-2　竞赛的基本流程

图 1-3　招标的基本流程

由于知识产品在线定制市场中的绝大多数交易采用的是竞赛或招标机制，所以本书的研究实际上就是围绕竞赛和招标这两种交易机制展开的，虽然有关竞赛和招标的研究已有不少，但不同的是我们所研究的竞赛和招标是在知识产品在线定制市场这个特定环境下使用的竞赛和招标，以往的研究结论未必适用。接下来，我们将对已有的竞赛和招标研究进行综述，并分析已有的研究成果是否适用于知识产品在线定制市场环境下的竞赛和招标。

1.3　国内外相关研究述评

1.3.1　有关竞赛的研究

在经济学中，竞赛被定义为“两个或两个以上的个体为获取某项奖励而支付货币或努力的经济或社会活动”(Dasgupta & Nti, 1998)。满足上述定义的竞赛在现实生活中随处可见，比如组织内部的职位晋升和雇用(Konrad, 2004)，企业的新产品研发竞赛(Dasgupta, 1986)，组织团体的游说活动(Hillman & Riley, 1989)，国家之间的经济竞争(Konrad, 2000)，等等。

任何一个竞赛中都存在两个主要角色：竞赛组织者和参赛者。竞赛组织者是发布竞赛任务、设置并发放奖金的人。参赛者则是完成竞赛任务、期望获得奖金的人。竞赛组织者通过竞赛可获得的收益主要有两种：一是所有参赛者的产出总和，比如在头脑风暴竞赛中，所有参赛者的意见和建议都可能对竞赛组织者有启发作用，竞赛组织者从每一位参赛者处获得收益；二是参赛者的最高产出，比如在建筑设计竞赛中，竞赛组织者最终采用的只能是一件设计作品，其收益只来源于所有作品中最好的那件作品。竞赛组织者的收益类型可能会影响其对交易机制的选择和设计。

自20世纪80年代起，理论界关于竞赛机制的研究层出不穷，主要讨论的问题包括是否应该对参赛者加以限制，应该如何确定奖金金额，应该如何分配奖金，以及是否在竞赛中给予信息反馈等。我们接下来将对这四个问题的研究成果逐一进行述评。

1.3.1.1　是否对参赛者加以限制

该问题的研究最早源自于Taylor(1995)。Taylor指出，在竞赛中参赛者的努力程度会随参赛人数的增加而减少。这是因为参赛人数越多就意味着每位参赛者可能获胜的概率越小，所以参赛者愿意付出的努力也就越少。他证明如果在一个竞赛中，参赛者是同质的(能力相同)，参赛者产出受随机因素的影响，并且竞赛组织者的收益取决于参赛者的最高产出，那么竞赛组织者应该对参赛者的数量加以限制以最大化自己的收益。

Fullerton & McAfee(1999)对这个问题做了进一步的研究。他们放松了Taylor(1995)中参赛者同质的条件，假设参赛者是异质的(能力不同)，其他假设条件不变。他们分析的结果是要最大化竞赛组织者的收益就应该允许两位参赛者参加竞赛。并且，他们设计了一种全支付的拍卖机制，通过这种机制可以先对所有潜在的参赛者进行遴选，从中挑选出两位最具竞争力的参赛者进入竞赛。Che & Gale(2003)在 Fullerton & McAfee(1999)研究的基础上稍加改变，假设参赛者的产出不受随机因素的影响。即便如此，只有两位参赛者参加的竞赛还是最优的。

在不同的假设条件下，Taylor(1995)、Fullerton & McAfee(1999)和 Che & Gale(2003)得出了一致的结论：对参赛者不加限制的开放式竞赛不是最优的，竞赛组织者应该对参赛者加以限制。然而，这个问题的讨论并没有到此结束。在上述研究中，参赛者产出的影响因素只有两个：参赛者的努力程度和随机因素。Terwiesch & Xu(2008)提出了第三个影响因素：参赛者的经验。另外，Terwiesch & Xu(2008)不仅仅考虑竞赛组织者的收益取决于参赛者最高产出时的情况，而且考虑竞赛组织者的收益取决于所有参赛者的产出总和的情况。他们证明，当参赛者异质且竞赛组织者的收益取决于参赛者最高产出时，开放式竞赛是最优的；当参赛者异质且竞赛组织者的收益取决于所有参赛者的产出总和时，开放式竞赛则可能不是最优的。

在知识产品在线定制市场中，供应方的经验和能力通常存在差异，所以在该市场上进行的竞赛可认为是参赛者异质的。另外，知识产品作为脑力劳动的成果，其产出应该和劳动者的经验有关。由此看来，知识产品在线定制市场的实际竞赛条件和 Terwiesch & Xu(2008)的假设条件很类似。这就意味着 Terwiesch & Xu(2008)的研究结果可直接用于知识产品在线竞赛中。

1.3.1.2 如何确定奖金的金额

在现实生活中有很多竞赛都是预先给定一个固定的奖金金额。虽然固定奖金竞赛具有操作容易的优点，但是如果竞赛组织者不了解参赛者的成本信息，那么预先确定奖金金额通常会带来效率损失。为了减少由于预先设定奖金而引起的效率损失，Fullerton et al.(2002)设计了一种拍卖型竞赛(Auction-Style Tournaments)。在该类竞赛中，竞赛组织者并不预先公布奖金的金额，而是由参赛者在完成任务后给出自己所期望获得的奖金金额。竞赛组织者在综合评估了每位参赛者的产出及其所期望获得的奖金金额后，选出竞赛的优胜者，并按其期望给予奖金。这种竞赛的特点是奖金金额是通过一种类似于拍卖的方式确定的。Fullerton et al. (2002)的实验证明：只要参赛者多于两人，拍卖型竞赛就优于固定奖金竞赛。

在 Fullerton et al. (2002)的研究中，参赛者的产出是一个随机函数。作为对 Fullerton et al. (2002)的补充，Che & Gale(2003)研究了当产出不受随机因素影响时，竞赛的奖金金额应该如何确定。他们的研究证明：当产出由参赛者投入决定、不受随机因素影响时，即使只有两位参赛者参加竞赛，拍卖型竞赛也优于固定奖金竞赛。他们指出，如果参赛者的效率不同，那么需求方应该邀请效率最高的两位参赛者来参加拍卖，并且为拍卖价格设定上限。

除此之外，Schöttner(2008)研究了当两位参赛者的随机产出差别较大时奖金金额的设置问题。他的研究结果表明：如果参赛者的随机产出差别较大，那么固定奖金竞赛优于拍卖型竞赛。因为在这种情况下，只有当竞赛组织者可以设定合适的拍卖价格上下限值时，拍卖型竞赛才有效。然而，要设定合适的价格限值要求竞赛组织者拥有大量的信息，这也就意味着拍卖型竞赛并不能减轻竞赛组织者的信息负担，因此拍卖型竞赛并不优于固定奖金竞赛。

值得注意的是 Fullerton et al. (2002)、Che & Gale(2003)和 Schöttner(2008)的研究均假设竞赛组织者的收益为参赛者的最高产出。为了得到更为一般性的结论，夏晓化和王美今(2008)对该问题做了进一步的研究。他们假设参赛者的成本来源于不同的概率分布，并且不同类型参赛者的人数也可能存在差异，竞赛组织者的收益可能取决于所有参赛者的产出总和，也可能取决于参赛者的最高产出。他们引入了一种线性奖励模式，在这种奖励模式中，最终的奖金金额由参赛者的投入决定。他们证明：如果参赛者的投入可以完全披露成本信息，那么线性奖励模式可能优于固定奖金模式；反之，固定奖金模式一定优于线性奖励模式。夏晓化和王美今(2008)的研究不依赖于参赛者的对称性假设，不依赖于参赛者具体的成本分布函数形式，也不依赖于竞赛组织者的收益类型，研究结论有着较大的适用范围，可用于解决知识产品在线竞赛的奖金金额设置问题。

1.3.1.3 如何分配奖金

奖金分配问题一直是竞赛研究的一个重点。这里的奖金分配问题是指竞赛奖金应该集中发放给一位优胜者，还是应该分放给多位优胜者。起初，有关奖金分配问题的研究大多假设参赛者是同质的，即参赛者的能力相同，竞赛中不存在私有信息(Clark & Riis, 1998; Barut & Dan, 1998)。然而，这显然和很多竞赛的实际情况不同，因此研究结果的适用性较差。与上述研究不同，Glazer & Hassin(1988)考虑了参赛者的异质性，并提出了一个非完全信息的竞赛模型，但是他们的模型不易求解，无法得出直观的结论。直到21世纪初，Moldovanu & Sela(2001)对Glazer & Hassin(1988)的模型加以改进，建立了一个新的非完全信息的竞赛模型，奖金分配问题的研究开始进入一个新阶段。

在Moldovanu & Sela(2001)的模型中，参赛者具有不同的能力，参赛者的能力类型是参赛者的私有信息，能力类型的分布是公共信息；参赛者的成本由其能力类型和努力水平所决定；竞赛组织者的目的是最大化所有参赛者的努力总和。基于该模型，Moldovanu & Sela(2001)比较了在不同的成本函数形式下竞赛的最优奖金分配机制。他们证明了当成本函数为线性函数或凹函数时，集中奖金的总激励作用大于分散奖金的总激励作用，因此竞赛组织者的最优策略是设置单奖金；而当成本函数为凸函数，即成本随着努力水平的增加而快速增加时，不同奖金分配策略的激励作用与参赛者的能力分布情况有关，所以最优的奖金分配策略取决于参赛者的能力分布。他们指出，奖金分配策略影响竞赛组织者收益的根本原因是不同名次上的奖金会产生不同的激励作用。参赛者的努力水平决定了参赛者的名次，而其努力水平大小和能力高低成正比。对于高能力的参赛者而言，他获得高名次的概率较大，所以高名次奖金对于他的激励作用大于低名次奖金；反之，对于低能力的参赛者而言，低名次奖金对于他的激励作用大于高名次奖金。因此把奖金集中奖励给高名次优胜者(极端情况就是单奖金竞赛)意味着增加对高能力参赛者的激励，减少对低能力参赛者的激励；而把奖金分散给多位优胜者则意味着增加对低能力参赛者的激励，减少对高能力参赛者的激励。通过比较集中奖金和分散奖金所能起到的总激励作用，就可以决定哪一种策略占优。

Moldovanu & Sela(2001)考虑了成本函数的形式对于奖金分配策略的影响，Terwiesch & Xu(2008)则从另一个角度出发，考虑了不同竞赛任务类型的奖金分配问题。他们把竞赛任务分为三类：创意型、经验型和试验型。其中，创意型和试验型任务的产出受随机因素的影响；经验型任务的产出不受随机因素的影响，只和参赛者的能力及投入有关。Terwiesch & Xu(2008)证明，对于创意型和试验型任务而言，单奖金竞赛优于多奖金竞赛，而对于经验型任务而言，多奖金竞赛有可能优于单奖金竞赛。

Moldovanu & Sela(2001)和Terwiesch & Xu(2008)从理论上证明了在什么情况下单奖金策略占优，什么情况下多奖金策略占优。J. Yang et al. (2008)和Y. Yang et al. (2009)则揭示了实际市场中竞赛奖金是如何分配的，以及不同分配策略的表现。J. Yang et al.(2008)和 Y. Yang et al.(2009)的研究都基于实际的知识产品在线定制市场数据，这些知识产品在线定制市场中存在多种任务类型，如软件开发、网站制作、图形设计、文档翻译，等等。J. Yang et al.(2008)的研究结果表明，在所有的任务类型中都同时存在单奖金和多奖金竞赛。Y. Yang et al.(2009)的研究结果则进一步表明，在所有任务类型中多奖金竞赛的表现均有可能优于单奖金竞赛。

我们发现用 Moldovanu & Sela(2001)和 Terwiesch & Xu(2008)的研究结论并不能完全解释 J. Yang et al.(2008)和 Y. Yang et al.(2009)的实证结果。根据 Terwiesch & Xu(2008)的研究结果，只有对于经验型任务而言，多奖金竞赛才有可能优于单奖金竞赛，对于创意型和试验型任务而言，单奖金竞赛应该优于多奖金竞赛。Moldovanu & Sela(2001)的结论看起来似乎能解释 J. Yang et al.(2008)和 Y. Yang et al.(2009)的实证结果：只要所有任务类型的参赛者成本函数都是凸的，那么在所有的任务类型中多奖金模式都有可能优于单奖金模式。可是目前为止并没有证据表明，所有任务类型的参赛者成本函数都是凸的。

Archak & Sundararajan(2009)的研究为解释上述实证结果提供了一个新的视角。他们从知识产品在线竞赛中参赛者的特点出发研究了这个问题。他们认为知识产品在线竞赛中的供应方主要是个人和小企业，他们的风险承受力较差，所以大多为风险厌恶者；另外，在线市场上聚集了大量的供应方，所以知识产品在线定制市场中的参赛者人数众多。基于以上特点，他们建立了一个参赛者风险厌恶且人数众多的竞赛模型。通过近似计算，他们证明了当参赛者风险厌恶时，多奖金竞赛可能优于单奖金竞赛。

虽然 Archak & Sundararajan(2009)的研究为实证结果提供了一种新的解释，但是他们的研究有一定的局限性。他们假设竞赛组织者的收益等于参赛者的最高产出，而在知识产品在线定制市场中，有些知识产品定制任务的竞赛组织者收益等于所有参赛者的总产出，比如头脑风暴类任务。所以，如果要全面了解知识产品在线定制市场中参赛者风险厌恶对奖金分配的影响，就需要补充研究竞赛组织者收益等于所有参赛者的总产出时的情况。

另外，知识产品在线定制市场中还存在一个值得注意的现象：市场中经常同时存在多个任务类型相似的竞赛，参赛者可以无成本地搜索到所有竞赛，并任意选择其中之一参加。而在离线市场中，由于信息成本较大，参赛者在同一时间内通常只能了解到一个竞赛信息，没有其他的选择余地。换句话说，知识产品在线定制市场有一个独特的局限条件：多竞赛竞争。根据 Moldovanu & Sela(2001)的分析，不同的奖金分配方式对于不同能力的参赛者有着不同的激励作用，因此可以预见当市场中存在多个竞赛，并且这些竞赛采用不同的奖金分配策略时，市场中的参赛者会分流到不同的竞赛中，因此竞赛组织者在考虑如何分配竞赛奖金时，需要考虑其他竞赛组织者可能采用的策略。以往的研究从来没有讨论过多竞赛竞争条件下的奖金分配问题，所以这方面的研究将具有开创性的意义。

1.3.1.4 是否在竞赛中给予信息反馈

在知识产品在线市场中，由于竞赛的参赛者各自处于不同的空间，因此只知道自己的表现情况，却不知道竞争对手的表现情况，而竞赛组织者则有可能观察到所有参赛者的表现情况。这时，竞赛组织者就面临一个选择：要不要在竞赛过程中把他所知道的情况透露给参赛者？如果选择透露，那么我们称之为给予信息反馈；反之，就是不给予信息反馈。

Lizzeri et al. (2002)最早开展了有关竞赛信息反馈问题的研究。Lizzeri et al. (2002)假设参赛者同质，并且参赛者的产出是一个随机函数。他比较了当参赛者同质时，两种不同的反馈策略——“完全反馈策略”(full-feedback strategy)和“无反馈策略”(no-feedback strategy)的优劣。所谓“完全反馈策略”就是指无论参赛者的表现情况如何，竞赛组织者都将给予反馈，而“无反馈策略”就是指无论什么情况，竞赛组织者都不会给予反馈。这里的反馈信息主要是指参赛者的相对表现情况，比如在所有参赛者中排名第几，和别人有多少差距，等等。Lizzeri et al. (2002)的研究结果显示，选择何种反馈策略取决于参赛者成本函数的形式，具体来说就是，如果参赛者的边际成本是凹的，那么完全反馈策略最优；如果参赛者的边际成本是凸的，那么无反馈策略最优。

与 Lizzeri et al. (2002)的研究类似，Goltsman & Mukherjee(2006)的研究同样假设参赛者同质，但是包括了更为丰富的反馈策略。竞赛组织者可以根据参赛者不同的表现情况来决定是否提供反馈，例如，在参赛者均表现良好的情况下提供反馈，或者在部分参赛者表现良好、部分参赛者表现不佳的情况下提供反馈，等等。他们的研究结果显示，在参赛者均表现不佳的情况下提供反馈是竞赛组织者的最优策略。

Gershkov & Perry(2009)则进一步研究了在参赛者同质的有反馈竞赛中，竞赛组织者应该如何设置每阶段评分的比重。每一阶段竞赛结束后，组织者将比较所有参赛者的表现并把比较后的评分情况反馈给参赛者，每一阶段的评分都会对最终的评分产生影响，而不同阶段的评分可以有不同的影响系数。竞赛组织者的最优策略是把最后阶段评分的影响系数设置为最大，并且参赛者在第一阶段的努力对于最终产出的影响越大，最后阶段评分的影响系数就应该设置得越大。

与以上研究不同，Ederer(2009)研究了当参赛者异质时完全反馈策略和无反馈策略的优劣。参赛者异质是指参赛者具有不同的能力。Ederer 假设参赛者的产出由参赛者的投入、能力和随机噪音构成。Ederer 证明，如果参赛者的产出由上述三者相加而得，即能力参数对于其边际投入的价值没有影响，那么完全反馈策略和无反馈策略无差异；如果参赛者的产出由其能力参数和其投入相乘再加随机噪音而得，即能力参数对于其边际投入的价值有直接影响，那么，当参赛者的成本函数为二次函数，影响产出的随机因素满足标准分布条件时，完全反馈策略优于无反馈策略。

由于在知识产品在线定制市场中，参赛者的能力不太可能完全相同，所以参赛者应为异质的。但是 Ederer(2009)的研究只考虑了竞赛组织者的收益为所有参赛者产出总和时的情况，因为其研究结果还不能完全解释知识产品在线定制市场上的情况。除此之外，我们还发现上述研究提到的完全反馈策略都隐含一个前提条件，那就是在竞赛开始前，参赛者就被告知在竞赛过程中会得到反馈信息。而在知识产品在线定制市场中可能存在一种事先隐瞒的反馈策略。所谓事先隐瞒的反馈策略是指参赛者事先并不知道组织者会在竞赛过程中给予反馈。换句话说，在竞赛开始前，组织者并没有声明这是一个有反馈的竞赛。在这种情况下，参赛者的行为不具有整体策略性，因此会损失一部分的收益，而组织者则会获得额外的收益。这个策略在重复交易的情况下不可能采用，但是在一个流动性很大、单次交易情况普遍的市场中，这个策略是可以被采用的。由于知识产品在线定制市场在一定程度上满足上述条件，所以在知识产品在线定制市场中该策略可以被采用。Y. Yang et al.(2009)在实际的知识产品在线定制市场上做了一个竞赛反馈实验，所采用的就是事先隐瞒的反馈策略。因此，对于知识产品在线定制市场而言，可选的竞赛信息反馈策略主要有三种：完全反馈策略、无反馈策略和事先隐瞒的反馈策略。目前的研究都只考虑了前两种策略而忽略了第三种策略。

1.3.2 有关招标的研究

除了竞赛以外，招标是知识产品在线定制市场上最常用的交易机制。市场上的供需双方通过招标方式进行交易，首先由需求方发布任务，然后由竞标的供应方提交标书，需求方评估了所有的标书后确定中标者，最后中标者完成任务并获得报酬。由于在招标中，需求方需要综合考虑标书中的多个属性（质量、交付时间、报价等）以确定中标者，所以招标机制可等同于多属性拍卖机制。

虽然经济学中的拍卖理论已经相当丰富,但是有关多属性拍卖的研究仍处于初期。已有的研究主要集中于多属性拍卖和单属性拍卖的比较,以及几种常见多属性拍卖类型的比较。例如,Bichler(2000)和Chen-Ritzo et al.(2005)通过实验证明,对于一些较复杂的商品,多属性拍卖可以为交易双方带来更多的收益;Che(1993)、Branco(1997)和Asker et al.(2008)利用数学模型对几种常见的多属性拍卖机制进行了比较:Asker et al.(2008)指出,在多属性拍卖机制中,效用总分(根据招标者的效用函数算出竞标者的得分)拍卖机制最优;Che(1993)指出,在竞标者成本独立的条件下,第一总分拍卖和第二总分拍卖效果相等;Branco(1997)则指出,如果竞标者成本相关,那么两阶段的拍卖机制最优。除以上这些研究外,近年来,一些学者开始尝试通过调整拍卖的规则和改变交易双方的信息结构来设计适合不同需要的多属性拍卖机制(Bein & Wein 2003, Parkes & Kalagnanam 2005, Bichler & Kalagnanm 2005, etc.),但是这些设计的效果仍有待进一步检验。

就知识产品在线定制市场上的招标而言,有两类研究与之关系特别密切,那就是有竞标成本的招标研究和招标的信息结构研究。

1.3.2.1 有竞标成本的招标研究

在知识产品在线定制市场的招标中,竞标者需要准备标书,标书的内容不仅包括报价,还包括竞标者对于其他非价格属性的安排,比如交货时间、产品质量、售后服务,等等。由于是定制招标,所以质量具有不确定性,竞标者在标书中需要说明自己所能提供的质量并给予相应的证明;又由于招标是在线进行的,招标者和竞标者之间存在较大的信息不对称,竞标者更需要在标书中用各种方法来证明自己所能提供的产品质量。竞标者证明质量的方法通常有两种:一是提供样品或者已部分完成的产品来直接表明质量;二是提供竞标者的能力和资质证明来间接表明质量。无论采用何种方法,都会给竞标者带来成本。

在以往的拍卖研究中,关于竞标成本的研究很少。Samuelson(1985)最早提到竞标成本,指出竞标成本的存在相当于向竞标者收取入场费,使得部分成本较高的竞标者选择放弃竞标,从而减少了竞标者的人数。Snir & Hitt(2003)研究了具有固定竞标成本的IT服务招标。他们假设供应方的服务质量是随机分布的外生因素,证明了由于存在竞标成本,因此存在一个质量阈值,质量高于该阈值的供应方会选择参加竞标,质量低于该阈值的供应方会放弃参加竞标。他们进一步指出,如果需求方愿意为高质量支付高报酬,那么出人意料地,质量阈值会降低,供应方人数会增加,更多的低质量供应方会来参加竞标。如果需求方评标没有成本,那么上述现象对于需求方的收益并无影响;然而,如果需求方评标具有成本,那么低质量供应方人数的增加，会增加需求方的评标成本，从而减少需求方的收益。

上述研究虽然都考虑到了招标中可能存在的竞标成本，但是它们均假设竞标成本是固定的，从而把竞标成本等同于入场费进行分析。然而，在知识产品在线定制市场中，招标的竞标成本却不一定是固定或随机的，竞标成本可能与竞标者所承诺提供的产品质量相关，比如为了表明自己提供的产品质量好，竞标者需要提供制作精良的样品或半成品，或者需要去获得难度较大的资质证明，那么相应花费的成本也就较高，此时竞标成本就可看作是竞标者所承诺的质量的函数。可以想见，如果竞标成本随着质量的提高而上升太快时，竞标者就有可能承诺较低的质量以降低成本，此时招标机制的有效性就值得怀疑。然而，到目前为止，尚没有假设竞标成本与竞标者承诺质量相关的招标机制研究。

1.3.2.2 招标的信息结构研究

信息结构指的是谁在什么时候通过什么途径了解到什么样的信息。招标作为一种多属性拍卖，其主要的信息结构包括招标者的偏好信息、竞标者的竞标内容、竞标分数、竞标排名以及竞标者身份等五类信息以及与之相关的信息公开策略(Koppius, 2002)。

对于一个多属性拍卖而言，招标者的偏好信息非常重要，它会直接影响到竞标者的竞标策略。具体地说，招标者的偏好信息反映了招标者对于不同竞标因素的偏好，比如对于某个招标者来说，相对于质量，他更看重价格，而另一个招标者可能更看重交货时间。偏好信息是招标者的私有信息，招标者可以选择公开或者部分公开其偏好，甚至还可以利用虚假的偏好信息来影响竞标者的行为。显示偏好信息最直接的手段是给出效用函数，效用函数不仅表现出招标者对于不同因素的偏好，而且还给出了不同因素所占的具体比重。

Strecker(2003)研究了效用函数的公开策略对于拍卖结果的影响。他设计了一个实验，在实验中，招标者采用英式反向拍卖的方法采购一个物品。该物品具有三个属性，分别为价格属性和两个非价格属性。招标者的效用函数是拟线性函数。实验设计了两个场景：在一个场景中招标者向所有的竞标者公布他的效用函数；而在另一个场景中招标者并不公布他的效用函数，只是给出一些很简单的偏好规则，比如，在非价格属性相等的情况下，偏好价格低的竞标，或三个属性之间的效用可以相互补偿，等等。实验分别测量了在这两个场景下拍卖结果的分配效率(allocation efficiency)和帕累托效率(Pareto efficiency)，所得的结果为：①在招标者公开效用函数的情况下，拍卖的分配效率和帕累托效率均较高，并且所获效率的平均值接近于理论最大值；②在招标者公开效用函数的情况下，竞标者所获得的收益较大，但是这并不以牺牲招标者的利益为代价，公开效用函数也会使得招标者的收益略微增加。

虽然 Strecker(2003)的实验证明，招标者公布效用函数比隐藏效用函数更好，但是在实际招标中，招标者直接给出效用函数的情况很少见。Elmaghraby(2007)研究了多个电子市场，如 Ariba、Emptoris、Verticalnet 和 FreeMarkets 等，并与市场上的许多招标者进行了访谈，绝大部分的招标者反映，他们在招标的过程中不会向竞标者公布效用函数。他们可能会告诉竞标者有哪些影响效用的因素，但不会给出这几个因素的确切比重。对此，Elmaghraby(2007)总结了两方面的原因：一方面，招标者自己也不是很清楚这些因素的确切比重，并且不希望后续的评估过程被预先公布的效用函数束缚住；另一方面，竞标者并不要求招标者公布具体的效用函数，他们只要知道招标者会从哪几个方面来评估竞标就可以了。为了进一步解释第二个原因，Elmaghraby(2007)访问了许多实际市场中的竞标者以了解他们是否会采用博弈分析的方法选取最优的竞标策略，得到的答案是否定的。事实上，市场中的竞标者鲜有采用博弈理论进行策略分析，因此对他们而言，招标者的效用函数并不能帮助他们更好地进行策略分析，反而可能导致信息过载，加大他们决策的难度。虽然 Elmaghraby(2007)研究了多个电子市场，但是这些市场上交易的都是普通物质资料，与知识产品的性质不同。因此，Elmaghraby(2007)的研究结论是否适用于知识产品在线定制市场尚不得而知。

由于在知识产品在线定制市场中招标的是定制的知识产品，而关于知识产品尤其是尚未生产出来的知识产品的描述有多种可能，简单的描述和详尽的描述所蕴含的信息量差别很大，并且由此会影响到竞标者的行为，所以在这类招标中除了 Koppius(2002)提到的五种主要信息外还应该特别关注有关产品的信息描述，尤其是对产品质量要求的描述。然而目前为止，还没有任何研究关注这类信息的信息结构问题。

第二章

知识产品在线定制的成本因素及其治理机制

2.1 引言

知识产品在线定制市场的基本价值在于为知识产品的供需双方提供一个交易场所,运用预先设计好的流程和规则来保障定制交易的顺利进行。根据交易成本理论,只有当交易成本足够小时,供需双方才有动力进入市场进行交易,所以市场设计者在制定市场流程和规则时应尽可能地减小供需双方的交易成本。知识产品在线定制作为一种特殊的交易类型,其交易成本的来源和组成与普通商品在线交易并不完全相同,所以其市场设计不能照搬普通商品的在线市场模式,而是需要制定一套特殊的市场流程和规则。设计者所设计的市场流程和规则是否能有效提高市场上的交易量和交易各方的收益,在很大程度上依赖于设计者对于市场中所存在的交易成本的认识和理解。

由于知识产品在线定制市场出现的时间不长,目前学术界对于知识产品在线定制市场的研究还很少,既没有就该类市场的交易成本进行系统性分析,也没有从已有的市场实践中提取相应的制度设计经验。为此,本章将着重分析知识产品在线定制的关键成本因素,给出知识产品在线定制市场的交易成本分析框架,并遵循该框架对可用的成本治理机制展开讨论,最后通过案例分析来比较在不同环境下知识产品在线定制市场的机制设计特征。

2.2 知识产品在线定制的主要成本因素

Williamson(1975)指出了交易成本的六个主要来源(因素):有限理性、投机主义、不确定性与复杂性、少数交易、信息不对称和气氛，并继而指出有限理性和投机主义属于人性因素，而其他的成本因素则属于环境因素，只有当人性因素和环境因素交互作用时才会产生交易成本。在任何交易中，人性因素都是普遍存在的，不受交易类型的影响；而交易环境因素则与交易的特点密切相关。知识产品在线定制存在三大特点：第一，交易的物品是知识产品；第二，交易的物品是按需求定制的；第三，交易在互联网上（在线）进行。第一个特点引出了知识产品交易中的一个独特的成本因素，而后两个特点则引出或加重了 Williamson 六大交易成本因素中的若干项，见图 2-1。

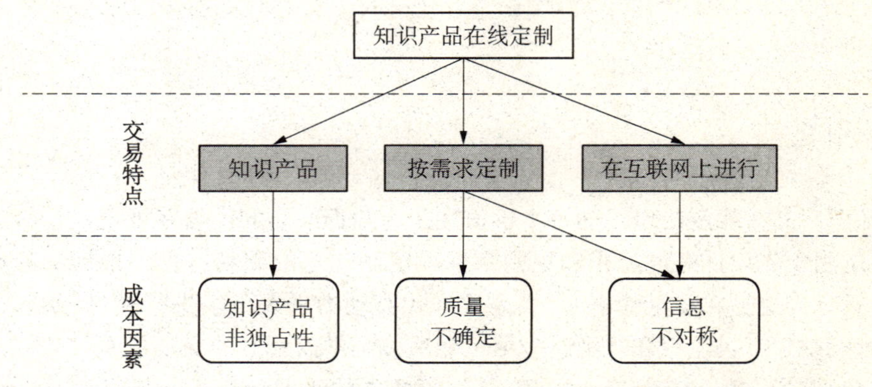

图 2-1　知识产品在线定制交易的特点和主要交易成本因素

首先，知识产品具有非独占性。所谓非独占性，是指在没有特别保护机制的情况下，知识产品所有者很难防止其他人使用其产品。这是因为知识产品是无形的，不会因为被消费（使用）而减少或损耗，也就是说知识产品具有公共物品属性。由于很难直接观察到知识产品是否被消费，所以知识产品在交易中可能被非法占有使用（蒋兴红等，2003）。例如，需求方征集某个产品的设计方案，在浏览了供应方所提交的作品后，需求方以不满意为由拒绝购买该作品，但是却在私下里使用该设计。如果市场没有相应的保护机制，那么供应方的利益将受到的损害。所以，对于知识产品所有者来说，在进入市场前，会先预估其知识产品被交易对手非法侵占的可能性以及由此引起的损失，如果预期损失较大，就会放弃交易。这里的预期损失就是知识产品非独占性带来的成本。需要指出的是，知识产品非独占性是专属于知识产品交易的成本因素。

其次，定制交易的产品质量可能具有较大的不确定性。在定制交易开始时，双方所要交易的物品还没有被生产出来，定制交易的过程包含了产品的生产过程，这就增加了产品质量的不确定性。并且，知识产品的创新程度越高，其质量的不确定性就越大，而这种不确定性作为创新活动的本质属性难以被克服。由于产品质量的不确定性会带来交易合同的不完全，再加上交易方的投机行为，就会带来交易成本。

最后，定制交易作为一种委托—代理关系存在信息不对称，而网络环境可能加剧交易双方信息不对称的程度(Dewan & Hsu, 2004; Jin & Kato, 2007)。定制关系中的信息不对称一方面可表现为需求方在事前不了解供应方的类型(能力、经验、信用等)，在事后不了解供应方的努力程度，另一方面可表现为供应方不了解需求方的信用情况。在网络环境下，需求方和供应方彼此不相识的可能性很大，所以信息不对称的情况普遍存在。而且，由于在网络环境下交易双方交流沟通的方式受到限制，故意隐瞒信息的成功率较高，所以信息不对称的问题尤为突出。

2.3　成本因素引起的问题及相关治理机制

下面我们将讨论知识产品非独占性、信息不对称和质量不确定这三个主要成本因素所引起的问题及相应的治理机制。

2.3.1　知识产品非独占性引起的问题及其治理机制

当知识产品非独占性和投机主义交叉作用时会出现知识产品私占的问题。知识产品在线定制市场中既可能存在需求方私占知识产品的情况，也可能存在供应方私占知识产品的情况。需求方私占通常发生在创意类的知识产品交易中，是指创意的需求方在未获知创意的具体内容之前不愿购买，而当获知了创意的内容后，又设法逃避对创意做出偿付(Arrow, 1962)。供应方私占则是指在交易完成后，供应方并未按合约放弃知识产品的使用权和所有权，仍利用该知识产品牟取利益。

解决知识产品私占问题最直接的方法是签订知识产权协议，明确规定交易各方的权利和责任。一旦某方违反了协议，就追究其法律责任。然而，知识产权协议的有效性取决于协议的可执行性。只有在一个法律制度健全、执法成本较低的环境下，知识产权协议才具有较大的约束力。在知识产品在线定制市场中，交易双方可以在线签订知识产权协议，但是协议是否具有约束力取决于市场所处的知识产权保护环境。

除知识产权协议外，声誉机制也是一种可用的治理机制。声誉机制利用未来的收益影响交易人当前的行为，以约束交易人的投机倾向(Dellarocas，2006)。在声誉机制的作用下，如果需求方或供应方私占了知识产品并被查实，那么将严重影响其未来的收益。容易理解，声誉机制发挥作用有两个前提条件：第一，交易人将多次参加交易；第二，私占知识产品的行为容易被查实。如果知识产品在线定制市场中的交易满足上述条件，声誉机制就是可行的。

在传统知识产品交易领域，还存在其他一些机制可用于防止知识产品私占的发生。比如，在弱知识产权保护环境下，若创意购买者企图私占创意，创意拥有者可以威胁将创意出售给购买者的竞争对手(Anton & Yao，1994)，也可以选择自己进入下游产品市场来获取创意租金(Gans et al.，2002)。再比如，为了阻止供应方私占知识产品，需求方可允许供应方对利润提成，也就是说需求方用按收益比率支付的合同代替固定支付合同来激励供应方。在按收益比率支付报酬的情况下，由于让供应方参与了收益提成，其私占知识产品的动力就会降低(Lai，2009)。然而，上述传统机制并非都适用于知识产品在线定制。首先，在在线市场中，供应方可能并不了解需求方的真实身份(除非市场规定必须披露真实身份)，那么他/她就无法威胁将产品出售给需求方的竞争对手。其次，在线市场中的创意提供者大多是个人或者中小企业，几乎不太可能具有进入下游产品市场获取租金的实力，因此这类威胁也是不可信的。而收益提成合同的执行对于在线市场交易而言也有相当的难度，因为供应方难以获知需求方的真实收益。

除了上述知识产品私占问题外，知识产品的非独占性和供应方的投机主义还可能引发另一类问题，我们称之为知识产品侵权。知识产品侵权主要是指供应方在其所提交的知识产品中使用了未经授权的第三方知识产品。例如抄袭已公开发表的文献，擅自采用他人的设计方案，未经许可使用他人的软件代码，等等。这些行为极易导致法律纠纷。如果供应方的产品侵犯了他人的知识产权，需求方获得此产品后，一旦将其用于商业目的即构成明确的侵权行为，将被追究法律责任。知识产品侵权的另一种表现形式是供应方越权出售知识产品。常见的情况是供应方作为某个组织的雇员，所生产的知识产品产权可能并不归其所有而是归其雇主所有。如果雇员擅自将知识产品的产权转让给需求方，其雇主有权申请追回。在这种情况下，需求方的利益将难以得到保障。和知识产权私占相似，知识产品侵权的常用治理机制也为知识产权协议和声誉机制。此外，在传统文化艺术领域，作品公示也是一种常见的治理侵权的办法。但是，对于有重要商业价值的知识产品来说，公示的办法通常不太可行。

2.3.2　信息不对称引起的问题及其治理机制

知识产品定制交易可以看作是一种委托—代理关系，知识产品的需求方是委托人，知识产品的供应方是代理人，委托人和代理人之间天生存在信息不对称的情况。在线市场和传统市场相比，虽然显著地减少了搜索成本，但是并不能减少甚至有可能增加双方的信息不对称程度(Dewan & Hsu，2004；Bakos，1997；Jin & Kato，2008)。在一个完整的定制交易中，既存在事前信息不对称，又存在事后信息不对称，所以会同时引发逆向选择和道德风险问题。

逆向选择是指由于委托人不了解代理人的类型，从而可能发生差的代理人把好的代理人逐出市场的情况。解决逆向选择的方法之一就是设计有效的信号甄别机制，通过信号甄别，委托人可以识别供应方的类型，选出最合适的代理人。对于定制交易来说，逆向拍卖是一种可用的信号甄别机制。通过设计一个逆向拍卖机制，委托人可以诱使代理人说真话，揭示自己的真实类型。虽然，拍卖机制理论已发展得较为成熟，但是在线拍卖机制的设计仍然存在诸多挑战。首先，传统的拍卖机制设计包含一些限制性较强的假设条件，比如竞拍者行为方式一致、竞拍者知道竞争对手的分布、竞拍者人数固定，等等，而在在线拍卖环境下，这些假设条件通常都不成立(Pinker，2003)，这就使得原有的一些拍卖理论不适用于在线拍卖。其次，对于定制交易而言，需求方在挑选供应方时并不只是考虑价格，还需要考虑供应方的能力、经验、信誉等其他因素，因此单属性拍卖的模式可能不能满足买方的需求，市场设计者需要考虑采用多属性拍卖来代替传统的单属性拍卖。

对于一些非常规的具有较强创新性要求的知识产品定制交易来说，信号甄别机制并不一定可行。比如在一些创意征集、技术发明等活动中，需求方很难选择合适的信号来甄别供应方，只有当所有供应方都提交了他们完成的产品时，需求方才能选出优胜者。解决这个问题的办法之一就是在交易中引入竞赛机制(陈志俊 & 张昕竹，2004)。所谓竞赛机制，就是指需求方和参加竞赛的供应方签订合约：供应方自愿参加竞赛，并在规定的时间内完成知识产品的生产，由需求方根据产品的质量从所有参赛的供应方中选出优胜者，并支付给优胜者一笔奖金。竞赛制允许需求方根据实际产品质量来选择供应方，从根本上避免了逆向选择的问题。但是，竞赛机制是一种竞争性机制，每多一个供应方加入竞赛，就会减少其他供应方的期望收益，从而使得其他供应方的投资积极性减少。简单地说就是过度的竞争可能导致帕累托无效的结果。因此，当市场设计者在考虑是否要引入竞赛机制时，必须充分考虑其优缺点，并且在决定引入竞赛机制后，也应该进一步细化竞赛的规则，以提高竞赛的效率。

除了信号甄别和竞赛机制外，第三方评估和交易反馈也是两种常用的逆向选择治理机制(Jin & Kato, 2008)。第三方评估是指由独立的第三方对交易商品的质量、特性进行评估，从而为买方提供可靠的信息，弥补交易双方的信息差距，减少逆向选择发生的可能性。例如，在二手车买卖中，会有独立的中介对二手车的价值进行评估，但是，在知识产品定制交易中，需求方需要了解的是供应方完成某项特定任务的能力，也就是说第三方需要对供应方的能力进行评估，这比商品评估困难得多。而交易反馈可看作是一种特殊的第三方评估，它要求评估者必须与被评估者进行过交易。其优点在于由于评估基于实际交易，因此评估的结果更可靠，并且可评估的内容更广，不仅可提供能力方面的信息，还可提供时间意识、工作态度、交易信用等多维度信息。

除了逆向选择外，信息不对称还会引起道德风险。道德风险的解决方法是设计一个激励合同以诱使代理人从自身利益出发选择对委托人最有利的行动。对于知识产品定制而言，如果知识产品的质量能够完全反映供应方的努力程度，那么需求方可以设计出一个最优合同激励供应方给出帕累托最优努力；如果知识产品的质量不能完全反映供应方的努力程度，也就是说知识产品的质量具有随机性，那么除非供应方是风险中性的，否则帕累托最优无法实现。

另外，当知识产品的质量不能完全反映供应方的努力程度时，需求方也可以通过加强监督的方法来直接了解供应方的努力程度。对于知识产品在线定制而言，需求方只能通过在线监督的方式来了解供应方的努力程度。在线监督的主要形式包括实时交流、时间节点任务检查等。相对于现场监督来说，在线监督所能获得的信息量比较有限。

最后，声誉机制也可用来帮助解决道德风险问题(Dellarocas, 2006)。市场为供应方建立档案，记录供应方在每个项目中的表现情况，那么对于希望长期在市场中进行交易的供应方而言，尽力去完成每个项目将有助于提升其在市场中的竞争力，因此也就减少了其采取投机行为的可能性。

2.3.3 质量不确定性引起的问题及其治理机制

对于定制交易而言，双方在签订合同时所要交易的物品还没有被生产出来，因此最终所交付的产品的质量具有较大的不确定性。这种不确定性在创新型知识产品定制交易中表现得最为明显：第一，由于创新具有较强的不确定性，未来存在太多的不可预见的相机情形，创新型知识产品的确切性质在事前很可能是无法描述的；第二，创新型知识产品的质量在事后的验证上对第三方而言也可能存在着很大的执行成本，这显然会导致该类知识产品在事后的不可验证性（费方域等，2009）。

质量不确定性必然带来的一个问题就是合同不完全。任何一种交易行为都包含一定的合同关系。当交易存在不确定性或复杂性时，合同就可能不完全。合同不完全性包括事前不可描述性和事后不可验证性。事前不可描述性是指合同难以在事前制定详尽无遗的规则，事后不可验证性是指合同中的部分内容是第三方或仲裁机构可观察但不可证实的。合同的不完全性使得交易双方有可能实施投机行为，这些投机行为将增加交易成本。

在合同不完全的情况下，当一项知识产品完成后，由于其质量难以被验证，需求方和供应方就可能对此产生争议。即使双方都正确认识到产品的质量和价值，但是供应方作为卖方总是会有积极性高估成果的质量和价值，以此换取更多的补偿和支付；而需求方作为买方则会有积极性低估产品的质量，以此减少支付。为了消除需求方事后违约的风险，需求方可以承诺一个固定的支付水平，与产品的质量无关，但此时供应方就不会有任何积极性进行投资。

解决上述问题的一个办法是在交易中引入竞赛机制。在竞赛制中，需求方挑选供应方的标准是供应方提交产品的质量是否是所有产品中最优的。该机制的好处在于将报酬支付与成果的相对质量而不是绝对质量挂钩，而成果的相对质量在很多情况下比绝对质量容易被认定，从而使得合约具有完全性，可以被执行。当然，正如前面所述，竞赛机制也有不足之处，作为一种竞争性机制，它可能导致帕累托无效的结果。因此，当市场设计者在考虑是否要引入竞赛机制时，必须仔细权衡得失。

除了引入竞争机制外，另一种解决合同不完全性的方法是引入关系型合同。所谓关系型合同是指由未来合同关系的价值所维持的非正式安排，是一种不完全的长期合同。在关系型合同中，交易的双方建立固定的交易关系，构成重复博弈的环境，合同的履行不依赖于第三方的介入，而是依赖于交易双方对彼此的信任、声誉机制的作用和预期收益的激励（林仲豪，2008）。然而，对于知识产品在线定制市场来说，关系型合同是一把双刃剑。一方面，如果交易双方采用关系型合同，那么由合同不完全性带来的交易成本可以被有效规避，社会效益增加。而另一方面，如果市场的主要功能是搜索匹配，那么当交易双方找到对方，并建立了长期的交易关系后，就无需再通过市场进行交易。因此，如果市场设计者鼓励交易双方采用关系型合同而又不想流失客户的话，那么就必须为交易双方提供除搜索匹配外的其他增值服务。

总结这一小节的内容，我们在表 2-1 中列出了关键成本因素引发的若干问题及其常见治理机制，并说明了知识产品在线定制的环境下这些治理机制是否可行。

表 2-1　知识产品在线定制交易中的主要成本因素、具体问题及其治理机制分析

成本因素	具体问题	常用治理机制	治理机制的可行性
知识产品非独占性	需求方私占	法律协议	强知识产权保护环境下可行
		声誉机制	存在重复交易的情况下可行
		供应方威胁将知识产品出售给需求方的竞争对手	基本不可行，除非在线市场要求需求方实名交易
		供应方直接进入下游产品市场	基本不可行，在线市场中供应方多为中小企业，缺少进入下游产品市场的实力
	供应方私占	法律协议	强知识产权保护环境下可行
		声誉机制	存在重复交易的情况下可行
		给予供应方利润提成	基本不可行，在线环境下难以准确了解需求方收益
	知识产品侵权	法律协议	强知识产权保护环境下可行
		声誉机制	存在重复交易的情况下可行
		产品公示	对于不包含商业机密的产品可行
信息不对称	逆向选择	信号甄别（反向拍卖）	可行，但机制设计需充分考虑在线和定制的特点
		竞赛	可行，但可能导致投入不足
		第三方评估	可行，但只能反映供应方的通用能力
		反馈机制	可行
	道德风险	激励合同	产品质量完全反映努力程度时可行
		监督	可行，但在线监督的难度较大
		声誉机制	可行
质量不确定	不完全合同	竞赛	可行，但可能导致投入不足
		关系性合同	如果市场提供除搜索外的其他功能则可行

2.4　实际市场的交易成本治理实践比较

我们已经从经济学理论出发讨论了知识产品在线定制的交易成本因素、引发的问题和可用的治理机制，接下来要通过两个案例来观察实际市场对于交易成本的治理情况。通过对实际情况的观察，我们一方面可以考察理论上可行的治理机制在实际市场中的应用，另一方面可以发现一些从实践中诞生的新的交易成本治理机制。

我们观察的三个市场分别是美国的 InnoCentive. com、Elance. com 和中国的猪八戒网(见表 2-2)。InnoCentive 和 Elance 属于最早成立的一批知识产品在线定制市场，都已经发展了近 10 年之久。InnoCentive 专注服务于科学研究性知识产品的定制交易，主要发布一些科研问题。Elance 主要满足中小企业的商业类知识产品定制需求，发布的任务类型以软件开发、产品设计、商业文档撰写等为主。猪八戒网是国内最著名的威客网站之一，与 Elance 相似，以商业类知识产品定制为主，主要服务于个人和中小企业的需求，但出现得较晚。

表 2-2　InnoCentive、Elance 和猪八戒网的基本情况

	InnoCentive	Elance	猪八戒网
成立时间	2001	1999	2005
注册地点	美国麻省	美国加州	中国重庆
知识产品类型	科学研究类知识产品	商业类知识产品	商业类知识产品

选取这三个市场主要有三个原因：第一，这三个市场处于不同的发展阶段，InnoCentive 和 Elance 经过了近 10 年的发展，已趋于成熟稳定，而猪八戒网仍处于成长期，便于我们观察市场发展阶段对于交易成本治理机制选择的影响；第二，这三个市场处于中国和美国两个不同的社会环境中，便于我们观察不同的社会环境尤其是法律环境对于交易成本治理机制选择的影响；第三，这三个市场服务于不同类型的需求，便于我们观察需求类型对于交易成本治理机制选择的影响。

通过在这三个市场上注册、详尽浏览和多角色试用，我们收集了关于这三个市场交易成本治理机制应用情况的各种证据。综合所有收集到的信息，我们总结了这些市场针对不同问题所应用的治理机制。需要注意的是，由于市场发展是一个动态的过程，虽然已发展了 10 年，但是这些市场仍在不断地成长和演化，因此我们这里得到的信息只能反映我们收集信息这段时期内(2009—2010 年)的市场状态。

2.4.1 InnoCentive.com 案例分析

我们首先讨论美国在线创新市场 InnoCentive 是如何治理成本的。选择 InnoCentive 主要出于两个原因:第一,InnoCentive 是世界范围内最早出现的知识产品在线定制市场之一;第二,InnoCentive 也是目前为止最成功的知识产品在线定制市场之一。具体来说,InnoCentive 是全球第一家以悬赏为基础促进全球性科学研究的在线交易市场。在该市场上,全球 500 强企业以及一些非营利组织机构可以提出所需解决的科研问题,而世界各地的专家可以为这些问题提供答案并赢得奖金。InnoCentive 自 2001 年上线以来一直处于市场领先地位,其公布的科研问题已经达到 1 000 多个,拥有来自世界 175 个国家的近 14 万名注册用户,其中 61%的用户拥有高等学历,40%拥有博士学位(Lakhani, 2008)。问题的解决率大约在 33%左右。

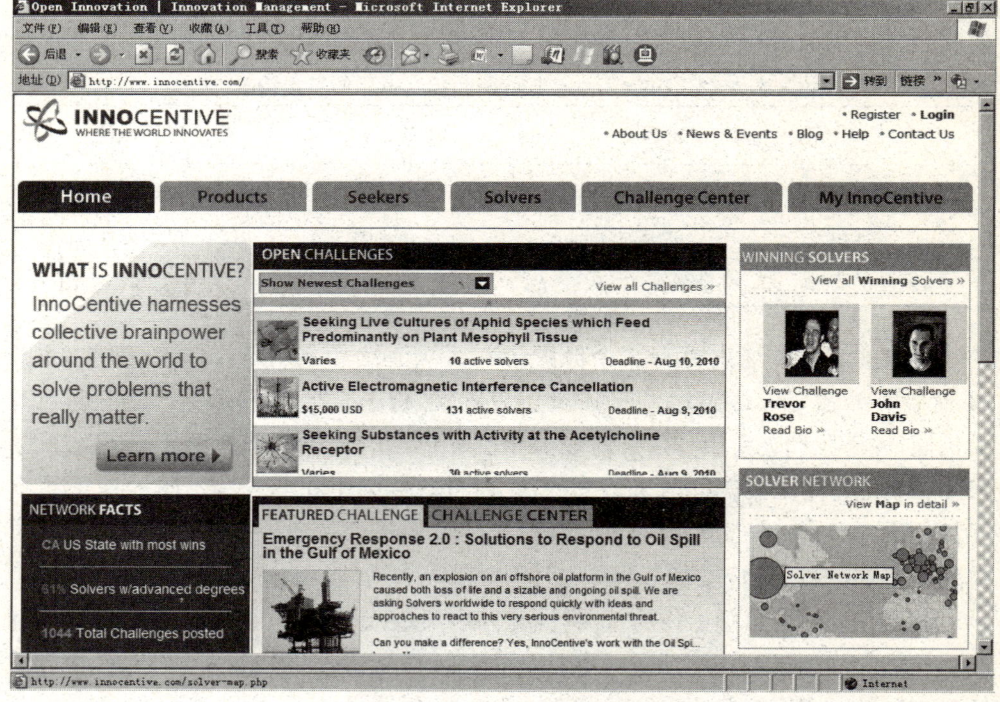

图 2-2 InnoCentive 的首页

在其近10年的发展历程中，InnoCentive不断改进交易流程和规则，以降低市场的交易成本，吸引交易双方通过该市场进行创新知识产品交易。接下来，我们先概述InnoCentive的业务类型及流程，然后再逐一分析InnoCentive采取了何种措施来规避或减少前一节中所提及的各项交易成本。

2.4.1.1　InnoCentive的业务类型和流程

InnoCentive把自己定位为开放创新市场，为供求双方提供了一个交易创新类知识产品的平台。需求方可以通过该平台广泛征求各类科研问题的解决方案，供应方可以通过该平台充分发挥自己的智慧，解决问题并获得报酬。InnoCentive向发布问题的需求方收取发布费，如果问题顺利解决，InnoCentive还将根据奖金的金额收取一定比例的服务费。

InnoCentive把整个创新过程分为四步：创意(Big Idea)—设计(Design)—验证(Proof)—产品(Final Product)，每一步都对应一类创新问题：创意类(Ideation)问题、理论类(Theoretical)问题、原型类(Reduction to Practice)问题和合作类(e-RFP)问题。创意类问题类似于头脑风暴，需求方围绕一个主题向大众征集一些好的主意，比如设计更加环保的瓶盖(＃8969215)，征集快速测试飞机内部空间细菌水平的方法(＃8838485)，等等。这一类的问题通常与大众生活比较贴近，不同专业背景的人们可以提出各种不同的解决方案。理论类问题则更为专业和具体一些，通常要求回答者具有某个领域的专业知识，回答的内容也更为详细，比如提出谷物生长的仿真方法(＃858799)，给出新型生物杀灭剂的合成原理(＃8742612)，等等。原型类问题是理论类问题的升级，不仅要求回答者从理论上对于自己给出的答案加以证明，而且要求回答者制作出原型或者样品，比如制作遗传关系图谱(＃8105114)，构造新型蛋白酶抑制剂(＃8740549)，等等。合作类问题主要是一些围绕创新产品开展的长期合作项目，比如合作开发便携式DNA测试设备(＃8490393)，合作开发纳米级PVC粉末的新应用，等等。

不同类型的问题除了其本身特点不同外，其在市场中的交易方式和知识产权的分配方式也不同。比如创意类、理论类和原型类问题都是预先设置奖金，而合作类问题则通常是根据合作的成果决定收益；对于创意类问题，无论需求方是否对所获得的答案完全满意，都必须选出优胜者并发放奖金，而对于理论类和原型类问题，需求方并不一定要选出优胜者发放奖金；理论类和原型类问题要求获得奖金的问题回答者向需求方转交知识产权，而创意类则不需要转移知识产权。表2-3对于不同类型的问题进行了比较。

表 2-3 InnoCentive 的问题类型比较①

	创意类	理论类	原型类	合作类
奖金数量预先确定	√	√	√	
保证发放奖金	√			
必须转移知识产权		√	√	
需交纳交易费	√	√	√	

除了合作类问题外,其他的三种问题都是以悬赏的方式进行的,悬赏即竞赛,交易流程主要分为三步:提出问题,解决问题,获得奖励。第一步"提出问题"由需求方(seeker)和 InnoCentive 的服务人员共同来完成。在需求方提出一个问题后,InnoCentive 的服务人员会对问题进行审查,以确保所提问题能满足法律、科学、商业等各方面的要求,然后帮助需求方将问题尽可能准确地描述出来,最后在网站上发布该问题。第二步"解决问题"主要由问题回答者(solver)完成。问题回答者先签署一个保密协议,然后开启一个专属的项目空间,回答者可以在该空间内进行工作,并且需求方和 InnoCentive 的服务人员也可以通过该空间和回答者进行沟通,最后回答者提交答案。第三步"获得奖励"也是由需求方和 InnoCentive 的服务人员合作完成。需求方在所有提交的答案中挑选出优胜者,InnoCentive 对于优胜者的资格及其答案的知识产权进行验证后分发奖金。

2.4.1.2 InnoCentive 的交易成本治理实践

1) 知识产品非独占性的治理

(1) 法律协议。由于美国的法制环境较好,交易双方所签署的法律协议有较强的可执行性,因此 InnoCentive 把法律协议作为治理知识产品私占问题的重要机制,制定了较为完整的知识产权转让制度和保密制度。

首先,InnoCentive 要求需求方在发布知识产品定制任务时选择到底是购买知识产品的使用权还是所有权,然后供应方(问题回答者)在承接任务前必须声明接受需求方的知识产权要求,最后在供应方完成知识产品生产(得到答案)后,供需双方将签订正式的知识产权协议来转让使用权或所有权。

其次,由于 InnoCentive 中大部分的交易采用竞赛的方法进行,需求方先评审供应方所提交的产品,然后再决定是否支付报酬,所以存在需求方私占知识产品

① 摘自 Company Profile_InnoCentive Challenge Type. pdf downloaded from www. innocentive. com.

的可能。为了保护供应方的权益，InnoCentive一方面要求需求方签署保密协议，以保证不会泄漏供应方所提交的产品中的任何信息，另一方面要求需求方签署授权协议，允许InnoCentive对其评审过程进行监督，并有权审查其是否有私占行为。

同样，InnoCentive也很注意保护需求方的利益。为了防止知识产品侵权，InnoCentive要求供应方给予法律承诺，自己所提交的知识产品没有侵犯他人的知识产权；为了防止供应方的雇主追认知识产权，InnoCentive还要求供应方的雇主签署弃权声明。另外，InnoCentive很注意保护需求方的隐私，允许需求方匿名发布定制任务，并且要求供应方签署保密协议，不泄漏需求方所发布的任务信息。

作为上述法律协议的补充，InnoCentive要求供需双方的交流、供应方的知识产品提交都在其所提供的一个受保护的网络空间内完成，这样做一是可以降低双方信息泄漏的可能性，二是可以为可能产生的知识产权纠纷保留证据。

(2) 其他机制。除了依靠法律协议外，InnoCentive还采用了其他一些方法来降低需求方私占知识产品的可能性。由于知识产品非独占性和交易者的机会主义动机共同作用才会引发成本，所以InnoCentive设计了一些机制来治理交易者尤其是需求方的机会主义动机。

首先，InnoCentive对进入市场进行交易的需求方有所选择。在InnoCentive上需求方注册并非是公开的，需求方必须先提出申请，然后等待InnoCentive的初步审查。目前，在InnoCentive.com上发布任务的需求方大多为世界500强的大企业，还有就是一些知名的非营利组织，比如洛克菲勒基金会。一般情况下，无论是大企业还是非营利组织采取投机行为的概率都较低，因此通过对需求方的筛选，InnoCentive可以将需求方私占的概率控制在较低范围内。

其次，InnoCentive非常注意发掘对供应方的非物质奖励。InnoCentive中的供应方大多是一些科学家和技术人员。哈佛大学的一项调查表明，对于这些科学家和技术人员来说，除了奖金外，非物质奖励也是他们选择承担任务的重要原因(Lakhani, 2007)。这里的非物质奖励包括解决问题后获得的快乐和成就感，以及由此带来的荣誉和声誉等。为了加大非物质奖励的效用，InnoCentive定期公布成功完成任务的供应方名单及其简介(除非供应方选择匿名)，并对多次解决问题的供应方给予特别的介绍。InnoCentive上发布的定制任务通常难度较大，但是奖励金额并不算高，正是因为有非物质奖励的存在，所以即使在物质奖励并不是非常诱人的情况下，也有不少供应方愿意进入市场参与交易。而对于需求方，尤其是大企业需求方来说，由于奖励金额不高，他们更没有什么动力去抵赖偿付。简单地说，InnoCentive 通过提高非物质奖励的作用，改变了奖励的模式，降低了物质奖励在报酬中的比重，从而降低了需求方私占知识产品的动机。

2）信息不对称的治理

由于 InnoCentive 是一个创新产品的交易市场，很难通过信号甄别的方法挑选出合适的供应方，所以 InnoCentive 在市场中引入了以竞赛为主的交易机制。在 InnoCentive 的四类问题中，除了合作类问题外，其余三类问题都是采用竞赛制来进行交易。

在竞赛制中，先由需求方发布任务，并给出奖励人数和金额，所有感兴趣的回答者都可以尝试在规定时间内完成任务并提交任务成果，最后由需求方根据任务成果的质量评出优胜者并给予奖金。因为该交易机制直接根据最终任务成果质量来支付报酬，所以不存在逆向选择的问题。而由于最终报酬和成果的质量挂钩，因此也减弱了道德风险的影响。但是 InnoCentive 采用的是开放式竞争模式，也就是说任何感兴趣的回答者都可以参加任务的竞争，所以可能会存在过度竞争的问题。在 InnoCentive 中，每个问题平均会收到 10 个答案（Lakhani，2007；2008），但是还没有确切的数据证明由于存在竞争而降低了回答者的投入。

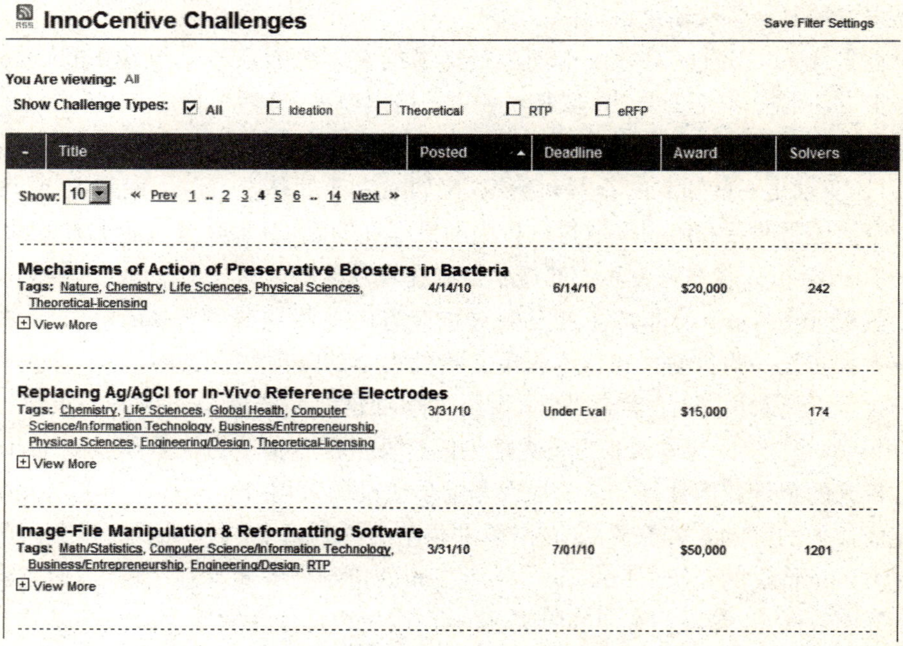

图 2－3 InnoCentive 的竞赛列表

InnoCentive 并没有特别强调反馈机制的使用，也没有提供第三方的认证服务。这可能出于几方面的原因：①InnoCentive 中大部分交易采用竞赛制的方式进行，逆向选择和道德风险的问题不突出；②因为创新能力难以评估和认证，所以无法提供第三方评估认证服务；③创新类知识产品的重复交易概率较小①，反馈机制的作用不明显。

3）质量不确定的治理

InnoCentive 上发布的大多数问题都具有创新性，因此供应方所提交的问题解决方案的质量具有较大的不确定性。为了尽可能地降低由质量不确定性所引起的合同不完全性，InnoCentive 为每个任务需求方配备了一位项目经理。这些项目经理既具备与任务相关的专业知识，又熟悉合同条款的设计。他们和需求方合作以更好地描述创新任务的需求，并尽可能地给出可验证的标准来提高合同的可执行性。InnoCentive 上的大部分任务使用竞赛机制征集问题的答案，对一些难以确定的质量标准，用相对标准代替绝对标准，也可提高合同的可执行性。另外，由于合同不完全性也是和交易者的机会主义动机共同作用引发成本，因此在上一小节中提到的治理机会主义动机的机制也同样可以抑制由合同不完全性带来的成本。

对于不确定性或复杂性过大的问题，InnoCentive 提供了 e-RFP 服务以帮助需求方寻找合适的合作伙伴，建立长期的合作关系，发挥关系型合同的优势来解决合同不完全性的问题。

2.4.1.3　InnoCentive 案例小结

InnoCentive 作为专注于创新类知识产品交易的市场，信息不对称和质量不确定的情况非常突出，为此市场选择了竞赛制作为主要的交易机制，以减少由上述两个因素带来的交易成本，然而竞赛制本身又带来了需求方私占知识产品的风险，为了降低这一风险，InnoCentive 一方面制订了较为完善的法律协议，另一方面又采用了一些非法律手段作为辅助措施，比如需求方资格审查、改变奖励结构等。

由于对需求方有较为严格的要求，且交易费用较高，因此 InnoCentive 的交易量较小，但是相比其他知识产品定制市场其交易金额较大。可以说 InnoCentive 走的是高端知识产品定制的路线。从目前来看，其运作较为稳定，交易成本被控制在供需双方可接受的范围之内。

---

① Lakhani(2007)指出 87.5%的回答者只赢得过一次竞赛。

2.4.2 Elance.com 案例分析

Elance 目前是美国最大的知识产品在线定制市场。自 1999 年成立后 Elance 一直稳步发展，而近几年更是进入了高速发展的阶段，2009 年的交易量比 2008 年增长了 46%，2010 年 6 月网站访问量的全球排名已升至第 521 位，成为全球领先的商业类知识产品在线定制市场。企业或者个人可以通过 Elance 找到合适的专业人士来完成各种不同的知识产品的生产任务。Elance 上的任务以商业类任务为主，常见任务包括网站制作、软件开发、广告设计、文案撰写等。有超过 15 万的专业人士在 Elance 上注册成为供应方，成交金额已近 3 亿美元。

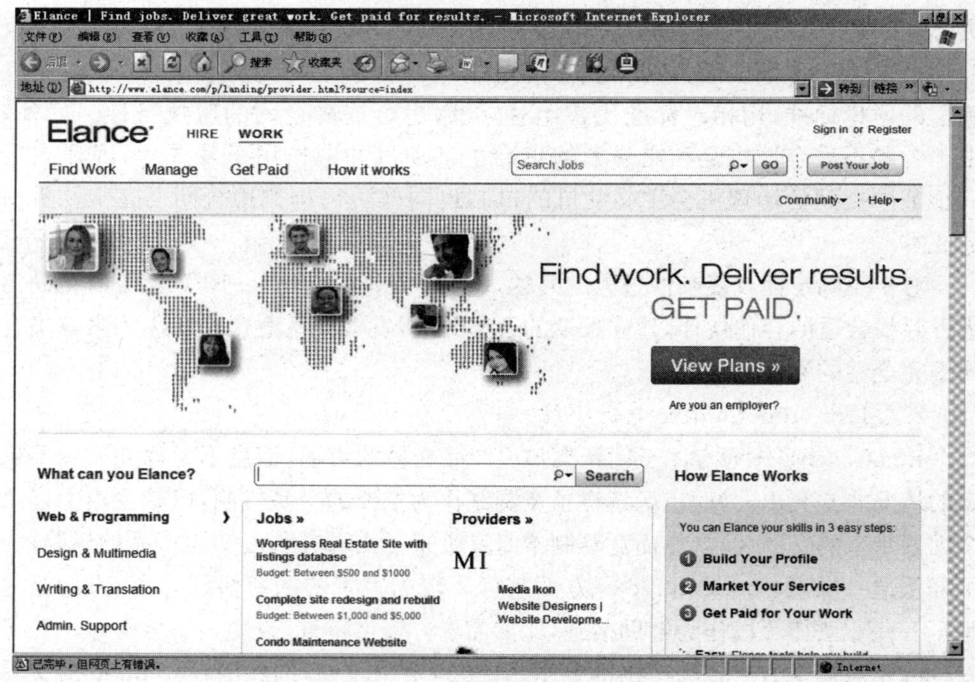

图 2-4　Elance 的首页

2.4.2.1　Elance 的交易任务类型和交易流程

Elance 共有 8 个种类的任务，分别是互联网技术和编程、设计和多媒体、写作和翻译、行政助理、销售和营销、财务和管理、法律事务以及工程和制造。目前交易量最大的是前两类任务，而最后一类则是近两年新添加的任务种类，包括工业制造中的元器件设计、产品设计、流程管理等任务。由此可见，Elance上的知识产品定制交易已不再局限于互联网或多媒体行业，而是逐渐地渗透到传统行业中去了。

虽然Elance的任务类型种类繁多，但是所有任务的交易流程都是一样的。对于需求方来说，完成一次交易共有三大步骤：雇用专家，管理工作，支付报酬。雇用专家的过程其实就是一个招投标的过程，首先张贴工作任务说明，然后评审供应方提交的标书，最后选出最合适的供应方。管理工作的具体事务则包括设立时间节点，和供应方保持沟通，对阶段性成果进行检查。支付报酬则包括在确定合同后支付预付款，工作完成后支付余款，最后还要对供应方的表现给予评价反馈。相应地，供应方完成一个任务也需经历三个步骤：找到工作，完成工作，获取报酬。为了找到工作，供应方首先要建立自己的档案，尽可能地展示自己的能力和特长，然后要在市场上搜索合适的工作任务并提交标书。在获得工作后，供应方要和需求方商量确定工作的时间节点，并在每个时间节点上提交报告，直到最终完成所有工作。接着，就可以开具发票信息，等待需求方支付报酬并给予评价反馈。

2.4.2.2　Elance的交易成本治理实践

1）知识产品非独占性的治理

Elance对于供应双方所交易的知识产品的产权以及该知识产品内所蕴含的其他知识产权的归属问题做了统一的规定。Elance把供应双方所交易的知识产品称为“工作产品”（Work Product），把工作产品中涉及的其他知识产品称为“背景技术”（Background Technology）。比如，需求方委托供应方制作一个网站，那么网站本身就是“工作产品”，而在网站中供应方可能使用到的一些软件插件就是“背景技术”。根据Elance的规定，供应方要保证自己拥有工作产品使用到的所有“背景技术”的知识产权，并且在交付工作产品时自动授予需求方所有“背景技术”的使用、复制、修改许可。而“工作产品”的知识产权在供应方确认收到需求方支付的报酬后就自动归需求方所有，供应方不再拥有和工作产品相关的任何权利。上述有关知识产权的规定是以服务协议的方式（Services Agreement）确立的。该服务协议由Elance制定，并作为供需双方交易合同的一部分强制执行。供需双方只要在Elance上注册并建立了交易关系，就意味着双方都同意遵守该服务协议，包括其中关于知识产权归属问题的规定。利用上述具有法律效用的协议条款，Elance可以约束供应方私占和侵权的行为。而对于需求方私占知识产品的问题，Elance则在服务协议中规定，在供应方按合同规定提交产品后，需求方有义务及时全额地支付报酬。

除了服务协议外，Elance也依靠声誉机制来约束交易双方的投机行为。在供应方浏览任务时可以查看发布该任务的需求方的档案信息，需求方的档案信息主要包括基本信息、历史任务列表、报酬支付率、供应方评价反馈等栏目。其中，报酬支付率和供应方反馈都可以反映需求方是否有私占知识产品的先例，因此对于希望长期在 Elance 上交易的需求方而言有一定的约束力。相应地，需求方也可以查看投标的供应方的档案信息。供应方的档案信息中包括在历史交易中供应方所获得的评价反馈，这些反馈信息可以反映出供应方的信用，因此也会对供应方的行为有所约束。

2）信息不对称的治理

在 Elance 中，需求方通过招标的方式来挑选合适的供应方。需求方提出任务要求后，供应方根据自己的情况给出一个解决方案以及相应的报价，然后由需求方从中选出所提方案和报价最合适的供应方签订合同。招标是反向拍卖的一种变形，也可以看作是一种信号甄别机制，可以部分解决信息不对称的问题。

特别值得一提的是，Elance 为了帮助需求方更准确地评估供应方的专业能力，特别提供了能力标准测试和证书第三方验证。Elance 共设计了 7 个大类近 400 项测试，供应方可以选择与其专业相关的测试，完成测试后测试结果可以显示在供应方档案中（见图 2－5）。除了参加标准能力测试外，供应方也可以用学位证书、专业资格证书等其他方式来证明自己的能力。为了确保供应方所提供证书的真实性，Elance 联合 www. justifacts. com 开展证书验证服务。凡是被验证过的证书都会有特殊标记（见图 2－6）。

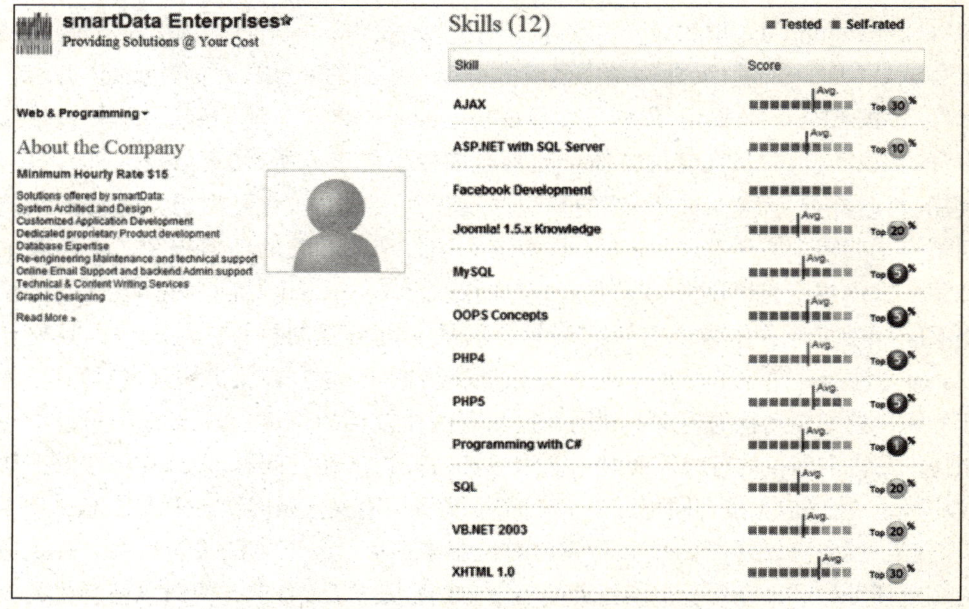

图 2－5　Elance 中供应方档案显示的能力测试结果

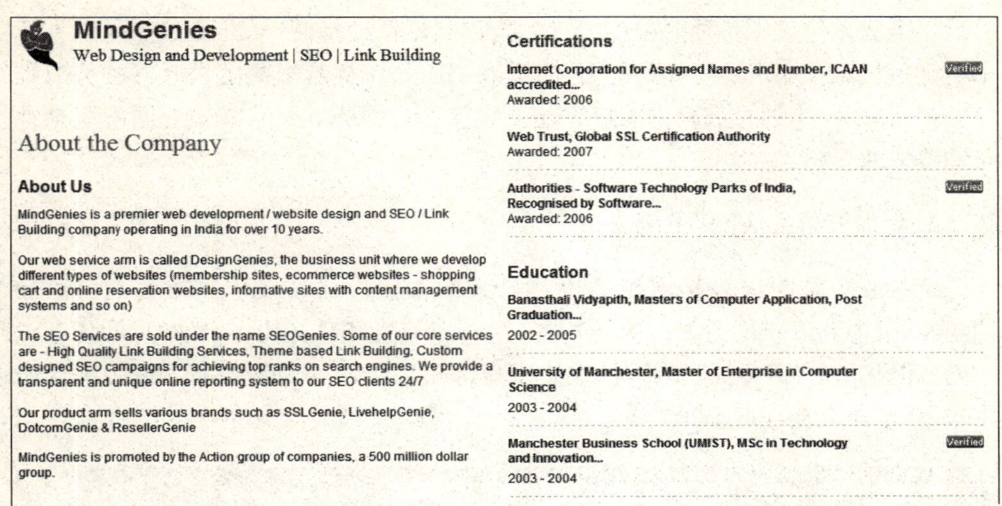

图 2-6　Elance 中供应方档案显示的经第三方验证的证书

上面介绍的机制都是针对由信息不对称引起的逆向选择问题，事实上，Elance 中的信息不对称还有可能引起道德风险问题。解决道德风险问题的一个好办法就是需求方对于供应方的工作过程实行管理和监控。在网络环境下如何有效实行远程管理和监控是一个值得深入研究的问题，Elance 目前主要是通过一个称为工作室（Workroom）的机制来实现管理和监控。一旦供需双方就某个工作任务达成了协议，Elance 就会为该任务开辟一个工作室空间。工作室空间可以帮助供需双方保持实时快捷的沟通，方便地分享各类信息和文件，保持重要的来往信件，并可向供需双方展示当前工作状态和工作进度。

除此之外，Elance 通过记录交易双方在市场上的历史表现，鼓励各方就交易对手的表现给予反馈评价，从而减轻市场上的信息不对称状况。

3）质量不确定的治理

虽然 Elance 上的任务通常都是较为常规的任务，合同不完全性的程度不是很严重。但是，Elance 仍然鼓励交易双方建立长期的合作关系。需求方可以直接选择雇用曾经合作过的供应方，而无需再通过招标的手段来交易。

2.4.2.3　Elance 案例小结

对于私占知识产品的问题，Elance 主要借助于具有法律效力的服务协议来解决，并附之以声誉机制做进一步的约束。在 Elance 中，信息不对称引起的逆向选择和道德风险是重要的交易成本来源，Elance 采用了多种机制来增加信息透明度，降低供需双方信息不对称的程度，具体而言，利用反馈机制、标准测试和第三方证书验证等机制来揭示供应方的能力信息，利用工作室机制来揭示供应方的努力程度。最后，Elance 通过鼓励供需双方建立关系型合同的方式来减轻合同不完全性可能带来的影响。

2.4.3 “猪八戒网”案例分析

猪八戒网是中国最早出现的也是最大的知识产品在线定制市场之一。和 Elance 相同，猪八戒网所发布的任务也以常规的商业类任务为主，最常见的任务包括网站制作、软件开发、平面设计、文案撰写，等等。猪八戒网上有近 300 万的注册供应方，已成交金额近 1 200 万。

图 2-7 猪八戒网的首页

2.4.3.1 “猪八戒网”的交易任务类型和交易流程

猪八戒网上的任务类型分为十大类，其中最主要的是网站、程序、设计和起名等任务类型。猪八戒网的交易流程主要有两种：一种是悬赏，就是我们所说的竞赛；另一种是招标，就是我们所说的反向拍卖。需求方可以选择两种交易流程中的任意一种进行交易。

2.4.3.2　“猪八戒网”的交易成本治理实践

1）知识产品非独占性的治理

虽然中国的法制环境和美国相比仍有一定差距，但是知识产权协议仍然是猪八戒网治理知识产品非独占性的一个重要手段。交易双方在进行交易前需签署知识产权协议。该协议由猪八戒网代为拟定，对双方的权利和义务进行了明确的规定。为了解决供应方私占的问题，协议规定交易完成后，需求方即拥有所交易产品的知识产权，包括著作权、使用权和发布权等，有权对该产品进行修改、组合和应用。供应方则不得对已交易的知识产品进行宣传、出版、展览等，也不得向第三方转让。为了解决知识产品侵权的问题，协议规定供应方所提交的知识产品应为原创，此前未以任何形式发表，不属于公开作品；该产品或任何用于制作该产品的素材均不得侵犯第三方的著作权、商标权、专有权利或其他权利。

由于猪八戒网允许需求方选择竞赛的方式进行交易，就不可避免地存在需求方私占的问题。为了解决该问题，猪八戒网要求在所有的竞赛中，需求方都必须预先支付竞赛奖金，在竞赛结束前该奖金由猪八戒网托管，等竞赛结束后再把该奖金发放给竞赛优胜者。由于需求方必须支付奖金，因此其私占知识产品的可能性就减小了。

除此之外，猪八戒网也利用声誉机制来约束交易双方的投机行为。供应方可以查看需求方的档案信息，包括已发布过的任务数量、以往的报酬支付率、供应方对其评价等栏目。其中，报酬支付率和供应方评价都有可能反映出需求方是否有私占知识产品的先例，因此对于希望长期在该市场进行交易的需求方来说具有一定的约束力。相应地，需求方也可以查看供应方的档案信息，其中也包括在历史交易中供应方所获得的反馈评价。这些反馈信息可以反映供应方的信用，因此也会对那些想在该市场上建立良好信用的供应方有所约束。

2）信息不对称的治理

为了治理信息不对称，猪八戒网中存在竞赛和招标两种不同的交易机制。选用竞赛制可以解决逆向选择和道德风险的问题，但可能引起投入不足的问题。采用招标制可以部分解决逆向选择的问题，但是不能避免道德风险。猪八戒网利用交易体系来辅助解决逆向选择和道德风险问题。目前为止，猪八戒网尚不提供第三方认证和在线监督的功能。

3）质量不确定的治理

和 Elance 不同，虽然猪八戒网也以商业类知识产品交易为主，但是它允许需求方选择竞赛的方式进行交易。但是目前而言，它并没有特别鼓励需求方和供应方之间建立长期的合作关系。

2.4.3.3 “猪八戒网”的案例小结

猪八戒网是一个新兴的服务于知识产品定制的中国网站。它采用了一些常规的机制来治理市场中存在的交易成本，比如使用知识产权协议来治理知识产品的非独占性，建立信用体系来治理信息不对称，等等。而其最独特的地方在于它同时引入了竞赛和招标两种交易机制，竞赛和招标在治理逆向选择和道德风险方面各自有不同的表现，需求方可以根据自己任务的特征来选择采用何种方式进行交易。

2.4.4 案例比较

通过对三个市场的观察可以发现，这些市场对于交易成本的治理都很重视，都采用了多种交易成本治理机制，但是不同的市场由于所处的环境、所交易的产品不同，所以交易成本治理的侧重点也不同（见表 2－4）。

表 2－4 InnoCentive、Elance 和猪八戒网交易成本治理机制应用情况

成本因素	具体问题	可行治理机制	InnoCentive. com	Elance. com	猪八戒网
知识产品非独占性	需求方私占	法律协议	有，协议要求需求方不拖赖应支付的奖励，不私占供应方的知识产品	有，协议要求需求方不拖赖应支付的奖励	同 Elance
		声誉机制	有，鼓励大企业成为需求方，因为它们特别在乎自己的声誉	有，通过反馈机制影响声誉	同 Elance
		其他	降低需求方的投机动机（注重非物质奖励的作用，减少需求方的奖金支出；鼓励非营利组织成为需求方）	无	对于悬赏类任务，要求需求方预先支付所有奖金

（续表）

成本因素	具体问题	可行治理机制	InnoCentive. com	Elance. com	猪八戒网
	供应方私占	法律协议	有，协议要求供应方不泄露任务信息，在转让产品后不再使用和出售该产品	有，协议要求供应方在转让产品后不再使用和出售该产品	同 Elance
		声誉机制	无	有，通过反馈机制影响声誉	同 Elance
	知识产品侵权	法律协议	有，协议要求供应方在产品中不擅自利用他人的成果	同 InnoCentive	同 InnoCentive
		声誉机制	无	有，通过反馈机制影响声誉	同 Elance
		其他	无	无	需求方可要求作品公示
信息不对称	逆向选择	信号甄别	无	有，所有交易都采用反向拍卖方式进行	有，需求方可自由选择招标（反向拍卖）或悬赏（竞赛）
		竞赛	有，大部分交易采用竞赛方式进行	有	需求方可自由选择招标（反向拍卖）或悬赏（竞赛）
		第三方评估机制	无	有，且明确显示评估结果	无
		反馈机制	无	有，且公开显示	同 Elance
	道德风险	在线监督	有，通过在线工作室（Project Room）实行监督	有，通过在线工作室（Workroom）实行监督	无
		声誉机制	无	有，且公开显示所有记录	同 Elance
质量不确定	不完全合同	竞赛	有，大部分交易采用竞赛方式进行	无	有，需求方可自由选择悬赏（竞赛）或招标（反向拍卖）
		关系合同	e-RFP	有	无

首先，作为一个新兴的网站，猪八戒网虽然也应用了诸多的治理机制，但是和InnoCentive、Elance相比，在机制设计的细致程度上仍有差距，例如比较双方的知识产权协议文本容易发现，InnoCentive和Elance的协议条款更多、规定更细，而猪八戒网的协议较为粗略。另外，值得注意的是，InnoCentive和Elance都提供在线工作室功能。通过在线工作室，需求方可以及时了解供应方的工作进度，并可以和供应方就工作过程中发生的问题进行沟通。另外，一旦发生知识产权纠纷，在线工作室所记录的双方交流内容、产品相关资料等都可作为法律证据使用。然而，猪八戒尚未提供该项功能。

其次，对于创新性知识产品，比如科研问题的解决方案、创意作品等，市场引入了竞赛机制来帮助规避由合同不完全性引起的成本，同时对于这类知识产品交易，各个市场也特别注意防范需求方私占的问题。具体来说，在InnoCentive中，由于交易的都是具有创新性的知识产品，因此几乎所有的交易都以竞赛的方式进行，与此同时，InnoCentive采用了多种机制来防范需求方私占。在猪八戒网中，需求方可以自己选择采用竞赛制还是招标制来进行交易，大部分的创意类需求方都选择了竞赛制。而对于竞赛制的任务，猪八戒网要求需求方预付所有的奖金，以解决需求方私占的问题。比较而言，由于Elance中没有竞赛机制，所以市场也就没有设置特别的机制来防范需求方私占。

最后，虽然中、美两国的知识产权保护环境不同，但是两国的市场都采用了法律协议来治理知识产品非独占性带来的成本。由于中国的知识产权保护环境相对美国而言较弱，因此猪八戒网除了使用法律协议外，还引入了其他机制，比如为了治理需求方私占强制需求方预付全额奖金，为了治理知识产品侵权可强制作品公示，等等。

另外，通过对实际市场案例的观察，我们还发现了一些原先不为学术界所了解的交易成本治理机制，比如，通过调整奖励结构提高非物质奖励的比重来降低需求方的投机主义，利用在线工作室对任务完成过程进行监督和管理，等等。这些机制是否有效，是否会引发其他问题还值得做进一步研究。

第三章

知识产品在线定制的交易机制比较

3.1 引言

我们在上一章讨论了可以用来治理交易成本的若干机制，其中交易机制被多次提及，因其对多个成本因素均有治理功能。从本章起，我们将对知识产品在线定制市场中的交易机制进行深入研究。

从目前的市场情况来看，知识产品在线定制主要采用两种交易机制：竞赛和招标。竞赛有时也称为悬赏，招标有时也称为竞标。在国外，知识产品在线定制市场通常只采用一种交易机制，比如 InnoCentive、TopCoder 采用竞赛，Elance、Guru 采用招标；而在我国主流的知识产品在线定制市场，如 Zhubajie、TaskCN 等，竞赛和招标同时存在，由需求方自由选择任意一种交易机制进行交易。那么，到底为什么不同的知识产品在线定制市场会选择不同的交易机制？在竞赛和招标同时存在的市场上，需求方应该如何选择适合自己的交易机制？这是我们本章所要探讨的问题。

具体来说，这里的竞赛是指由需求方在市场中发布一个定制任务，并给出相应的奖励金额。供应方根据自身情况决定是否参加该竞赛。如果决定参加竞赛，供应方将在规定时间内完成任务，并提交任务成果。需求方根据提交任务成果的质量选出优胜的供应方并给予奖金。这里的招标是指供应方在市场上发布一个定制任务，然后由供应方决定是否参加竞标。如果决定参加竞标，供应方将着手准备标书，并在规定时间内提交标书。标书通常包含任务解决方案、任务报价、供应方能力证明等几方面的内容。需求方在比较所有标书后，选出一位优胜者来承接任务。被选中的优胜者按要求完成任务，需求方验收成果后按报价支付酬劳。

竞赛和招标的某些区别是一目了然的，比如说竞赛是以任务的最终完成情况来决出胜负，而招标则是以供应方针对任务所制作的标书来决出胜负。那么如果在一个市场上，道德风险问题很突出，需求方就可能更倾向于竞赛；再比如，竞赛中有多人完成任务，而招标中只有一人完成任务，因此如果需求方的目的是让多人来参与完成任务，例如头脑风暴任务，那么就应该选择竞赛。然而，除了这些显而易见的区别外，我们对这两种交易机制在其他交易条件下的表现差异知之甚少，例如，我们不知道在何种任务类型下竞赛会优(劣)于招标，也不知道供应方的人数多少会如何影响这两种机制的表现差异。因此，本章将就知识产品在线定制中常用的这两种机制进行更为深入的比较，从而为市场设计者和市场需求方在不同的交易条件下选择合适的交易机制提供理论指导。

3.2 相关研究

竞赛主要可以分为两大类。在第一类竞赛中，竞赛组织者在意的是所有参赛者的成果总和，由于这类竞赛在销售活动中比较常见，所以也被称为销售竞赛；而在第二类竞赛中，竞赛组织者只在意优胜者的成果，这类竞赛在研发活动中比较常见，也被称为研发竞赛。由于在招标中需求方只在意中标人交付的成果，所以与之相对应的是研发竞赛。也就是说，我们比较的是研发竞赛和招标。

针对研发竞赛学者们集中讨论的第一个问题为是否应该对参赛者加以限制。Taylor(1995)第一个提出了研发竞赛完整分析框架，并且指出研发竞赛作为一种激励制度可以解决由信息不完全造成的道德风险问题，但是过于激烈的竞争可能导致参赛者努力不足。为了弥补这一缺陷，他建议对参赛者征收入场费，以限制参赛的人数。Fullerton & McAfee(1999)则进一步指出，只有两位参赛者参加的研发竞赛效率最高，而在此之前可以先通过拍卖的方式对参赛者进行选拔。但是也有人反对对参赛者加以限制，Terwiesch & Xu(2008)指出，不设限制的竞赛有利于竞赛成果的多样性，而成果多样性带来的好处可以抵消努力不足导致的效率损失。由于供应方多样性是在线市场的优势之一，所以在线市场上的任务竞赛通常不向供应方收取入场费，因此本书将沿袭 Terwiesch & Xu(2008)的开放式竞赛模型，对参赛者不加任何限制。

除此之外，学者们还讨论了如何避免由于预先设定奖金而引起的效率损失。Che & Gale(2003)证明了当成果质量不受随机因素影响时第一价格拍卖竞赛优于固定奖金竞赛。这里所谓的第一价格拍卖竞赛是指当所有的参赛者完成任务后，各自给出所期望获得的奖励金额。竞赛组织者根据每位参赛者的成果质量和他/

她所期望的奖励金额来决定最后的胜出者，并按其期望给予奖励。Fullerton et al.(2002)则进一步证明了即使成果质量受随机因素的影响，第一价格拍卖竞赛仍优于固定奖金竞赛。但是，第一拍卖价格竞赛和固定奖金竞赛相比，操作复杂，竞赛周期长，所以实用性较差。目前知识产品在线定制市场中的竞赛都是固定奖金竞赛，尚未出现第一价格拍卖竞赛，所以本书采用的也是固定奖金竞赛模型。

其他相关的研究还包括 Moldovanu & Sela(2001)对于竞赛奖金分配的研究和 Moldovanu & Sela(2006)对于竞赛结构的研究。Moldovanu & Sela(2001)证明：当成本函数为线性函数或凹函数时，竞赛组织者的最优策略是设置单奖金；而当成本函数为凸函数，不同奖金分配策略的激励作用与参赛者的能力分布情况有关，所以最优的奖金分配策略取决于参赛者的能力分布。Moldovanu & Sela(2006)则指出，当成本函数为线性函数并且参赛人数足够多时，如果竞赛组织者要最大化优胜者的努力水平，就应该设计一个两阶段的竞赛，先把参赛者分为两组进行初赛，然后再由两组各自的优胜者进行复赛。知识产品在线竞赛都是单阶段的竞赛，不分初赛复赛，并且奖金分配方式也以单奖金为主，因此本章将采用单奖金单阶段竞赛的模型。该模型是复杂竞赛模型的基础，多奖金多阶段竞赛可在该模型上扩展而得。

长久以来，招标较多地出现在政府的采购活动中。而自 B2B 电子商务兴起以来，许多企业开始采用招标的方法进行网上采购以降低采购成本。招标最显著的特点是企业不只是根据价格来决定由谁中标，而是综合考虑价格、质量、交货时间等多个因素，因此招标常被看作是一种多属性拍卖。有关多属性拍卖的研究兴起于 20 世纪 80 年代。Thiel(1988)第一个对多属性拍卖做了详细讨论，指出如果拍卖方的预算固定并且必须用完，那么多属性拍卖可简化为单属性拍卖。但是由于假设过强，该结论并不具有普遍性。Chen(1993)则证明了二维收入等价原理，如果拍卖方公布的竞标评分标准反映其真实偏好，那么最高分拍卖(first-score)、次高分拍卖(second-score)以及次佳标拍卖(second-best bid)是收入等价的。Branco(1997)在 Chen(1993)的基础上，引入了成本相关性假设，证明了在该条件下两阶段的拍卖机制是最优的。随后，又有不少学者在不同的假设条件下设计出了各种不同的多属性拍卖机制(Gimenez-Funes et al., 1998; Teich et al., 1999; Beil & Wein, 2003)。

标准的多属性拍卖要求拍卖方全部或者部分公布自己的效用函数，而在实际招标中，招标者公布自己效用函数的情况很少见。Elmaghraby(2007)研究了多个在线招标市场，如 Ariba、Emptoris、Verticalnet 和 FreeMarkets 等，并与市场上的许多招标者进行了访谈，绝大部分的招标者反映他们在招标的过程中不会向竞标者公布效用函数。并且，由于多属性拍卖中的策略分析过于复杂，在实际招标中，竞标者鲜有采用策略分析的方法选取最优投标策略的。所以在实际在线市场中，有不少招标者采用了一种介于多属性和单属性之间的折中招标方式，我们称之为固定质量价格拍卖，也有学者称之为标准质量价格拍卖。在这类拍卖中，需求方在发布任务时给出必须被满足的质量要求，投标人在标书中阐述自己的能力并给出自己的报价，需求方在确认投标人的能力后，选中报价最低者承担任务。该机制和多属性拍卖机制相比虽然在收入上并不占优(Asker & Cantillon, 2008)，但由于更易操作，所以比多属性拍卖更为常见。本书中所讨论的招标即基于这种方法。

3.3 知识产品在线定制的基本假设

在一个知识产品在线定制市场中，需求方准备发布一个新任务。市场中有 n 个潜在的供应方可以完成该任务，需求方和供应方都是风险中性的。需求方可以选择竞赛或招标来进行交易。需求方要在最大化自己收益的基础上选择合适的交易机制。需求方交易后的总收益 V 由供应方的产出 Q(这里的产出是指知识产品的质量)和为此支付给供应方的报酬 P 决定，即 $V=Q-P$。需求方所支付的报酬 P 相当直观：在竞赛中，P 等于悬赏金额；在招标中，P 等于中标者的报价。而供应方的产出 Q 如何确定就不这么直观了，下面我们对它做仔细分析。

Chen & Gale(2003)认为，供应方的产出由供应方的努力水平决定，即 $Q=r(e)$，其中 e 表示供应方的努力水平。而对于创新性较强的知识产品而言，供应方的产出除了和供应方的努力水平相关外，可能还受随机因素的影响，因此在研究创新产品的交易机制时，不少研究者把创新活动的生产函数定义为随机函数(Taylor, 1995; Fullerton & McAfee, 1999; Fullerton et al. 2002; Schottner, 2008)；常用的随机生产函数形式为 $Q=e+\xi$，其中 Q 为产出，e 为生产投入，ξ 为随机变量。而 Terwiesch & Xu(2008)则进一步认为，供应方的产出除了和供应方的努力、随机因素相关外，还和供应方的专业经验相关。专业经验[①]是指供应方具有的和任务相关的知识积累。和供应方的努力不同，供应方的专业经验是已经完成了的历史积累，可直接转变为产出而无须消耗成本，因此 Terwiesch & Xu(2008)

① “专业经验”中的“专业”两字是为了特别强调“和任务相关”。为了行文方便，我们在文中不少地方用“经验”代替“专业经验”，但是其含义不变。

定义供应方的产出为 $Q=\beta+r(e)+\xi$[①]，其中，β 为供应方的专业经验水平，$r(e)$ 为供应方的努力 e 所创造的质量，ξ 为随机因素对产出的影响。

由于我们讨论的是一个开放的在线市场，所以针对某个任务，市场中的供应方所具有的经验很可能彼此不同，因此我们借鉴 Terwiesch & Xu(2008)的定义，令供应方 i 的产出 $Q_i=\beta_i+e_i+\xi_i$（为了方便计算，我们直接用努力水平 e_i 来表示由努力所带来的产出）。其中，供应方的经验水平 β_i 服从于在$[\underline{\beta},\ \bar{\beta}]$上连续递增的分布函数 F，其密度函数为 f。β_i 是供应方的私人信息，F 和 f 则是市场上的公共信息。供应方的努力水平 e_i 是β_i 的函数，可记为 $e_i=b(\beta_i)$。ξ是影响创新产出的随机变量，服从独立分布函数 G，密度函数为 g，$E(\xi)=0$。ξ_i 是随机变量ξ 对于供应方 i 的具体实现，在 e_i 发生后再实现。

我们接下去将分两步来讨论交易机制的选择。在第一部分，我们不考虑随机因素的影响，供应方的产出完全由供应方的经验水平和努力水平决定，即 $Q=\beta+e$。然后 在第二部分再加入随机因素的影响，即 $Q=\beta+e+\xi$。我们把第一类情况称为普通知识产品在线定制，第二类情况称为创新知识产品在线定制。

3.4　普通知识产品在线定制

3.4.1　竞赛模型

需求方悬赏一个创新任务并给出悬赏金额 P，参加悬赏竞赛的供应方中，谁的知识产品质量最高，谁就获得奖金。供应方需要根据自己及竞争对手的情况选择合适的努力水平 e 以最大化自己的效用。由于供应方 i 获得奖金的可能性等于其知识产品在所有提交的知识产品中质量最高的概率 $Pr_i(e_i)$，所以供应方的问题可以表示为：

$$\underset{e_i}{\mathrm{Max}}\,\pi_i=P\cdot Pr_i(e_i)-c\cdot e_i,\ \text{s. t.}\ \pi_i\geqslant 0$$

其中，c 是常数，表示单位努力成本，且 $0<c<1$。假设 b 是β_i 的增函数，二次可导，那么就意味着 β_i 最大的供应方会赢得竞赛。上述的最大化问题转变为：

---

① Terwiesch & Xu(2008)在文章脚注中提到，上式除了可以使用加法形式外也可以考虑采用其他更为复杂的函数形式，比如乘法或加乘混合形式。如果采用乘法形式，那么可以通过对数转换把乘法形式转化成加法形式。如果采用加乘混和形式，则需要采用数值计算的方法求解。

$$\underset{e_i}{\mathrm{Max}}\,\pi_i = P \cdot F^{n-1}[b^{-1}(e_i)] - c \cdot e_i,\ \mathrm{s.t.}\ \pi_i \geqslant 0$$

一阶条件为：

$$P \cdot (n-1)F^{n-2}[b^{-1}(e_i)]f[b^{-1}(e_i)] \cdot \frac{\mathrm{d}b^{-1}(e_i)}{\mathrm{d}e_i} - c = 0$$

假设供应方具有对称性，则 $e_i = e = b(\beta)$，一阶条件可整理为：

$$\frac{\mathrm{d}e}{\mathrm{d}\beta} = \frac{P(n-1)F^{n-2}(\beta)f(\beta)}{c}$$

β 最小的供应方肯定不能赢得比赛，因此他付出的努力水平应该为 0，即 $b(\underline{\beta}) = 0$。根据此边界条件，可解上述微分方程：

$$e = b(\beta) = \frac{P(n-1)}{c}\int_{\underline{\beta}}^{\beta} F^{n-2}(x)f(x)\mathrm{d}x = \frac{P}{c}F^{n-1}(\beta)$$

因为 F 是 β 的增函数，所以 b 也是 β 的增函数，与前面的假设相符。该最大化问题的二阶条件由目标函数的伪凹性保证。至此可得命题 3－1。

命题 3－1　在竞赛中，供应方努力水平 e 的 Bayes-Nash 均衡为：

$$e = b(\beta) = \frac{P}{c}F^{n-1}(\beta) \tag{3-1}$$

从式(3－1)可以发现奖励金额和单位成本的比率(P/c)是个关键系数，供应方的努力与之相关，我们把该比率称为奖励强度。由式(3－1)可知，奖励强度越大，供应方的努力也就越多，这与常识相符。另外，由于 $F(\beta) \leqslant 1$，所以 e 随 n 递减，也就是说市场中潜在的供应方越多，竞争越激烈，参赛的供应方愿意付出的努力就越小，这与已有文献中开放式竞赛可能导致努力不足的结论相一致。

已知 e 随 β 递增，$Q = \beta + e$，所以 Q 也随 β 递增。这意味着专业经验越多的供应方提交的知识产品质量越高，那么专业经验最多的供应方会是竞赛的优胜者。我们用下标的大小来表示供应方专业经验的多少，$\beta_1 \geqslant \beta_2 \geqslant \cdots \geqslant \beta_n$，则竞赛优胜者所提交产品的质量为 $Q = \beta_1 + b(\beta_1)$。相应地，需求方的收益 V_c（下标 c 表示竞赛）可表示为

$$V_c = \beta_1 + b(\beta_1) - P \tag{3-2}$$

假设 β_1 的分布函数为 $F_{(1,n)}$。由顺序统计学（order statistics）的基本知识，我们可知：

$$\mathrm{d}F_{(1,n)}(t) = nF^{n-1}(t)dF(t)$$

由 $b(\beta) = \frac{P}{c}F^{n-1}(\beta)$ 可得：

$$\begin{aligned} E[b(\beta_1)] &= E\left(\frac{P}{c}F^{n-1}(\beta_1)\right) \\ &= \frac{P}{c}\int_{\beta_l}^{\beta_h} F^{n-1}(t)dF_{(1,n)}(t) = \frac{P}{c}n\int_{\beta_l}^{\beta_h} F^{2n-2}(t)dF(t) \\ &= \frac{P}{c}\frac{n}{2n-1} \end{aligned}$$

所以，

$$E(V_c) = E(\beta_1) + \frac{n}{2n-1}\frac{P}{c} - P$$

可得命题 3-2。

命题 3-2　在竞赛中，需求方的期望收益为：

$$E(V_c) = E(\beta_1) + \frac{n}{2n-1}\frac{P}{c} - P \tag{3-3}$$

通过竞赛，需求方可以获得的专业经验为 $E(\beta_1)$，可以获得的努力水平为 $nP/(2n-1)c$。由顺序统计量(order statistics)的基本知识，可知 $E(\beta_1)$是 n 的增函数[①]，而 $E(e_1(\beta_1)) = nP/(2n-1)c$ 是 n 的减函数。也就是说，在竞赛中，参加竞赛的人数增加对需求方的收益有正反两方面的作用：一方面使得需求方可以招募到专业经验更丰富的供应方，另一方面却会导致供应方减少对任务的努力。

3.4.2　招标模型

在招标中，我们首先假设需求方在发布任务时给定一个期望质量水平 Q。在实际情况中，很多需求方在发布任务时，会非常具体地给出知识产品所要达到的指标，这些指标就可以被看作是期望质量水平。参加竞标的供应方必须保证其最终知识产品满足该质量水平，所以供应方 i 需要努力 $e_i = Q - \beta_i$，相应的成本为 $C_i = ce_i = c(Q - \beta_i)$（ c 为单位努力成本，满足 $0 < c < 1$）。在我们的模型中，供应方风险中性且成本独立，因此可以运用收益等价定理(Riley & Samuelson, 1981)，把招标

① 参见 Shaked & Shanthikumar(1994).

看作标准的 Vickrey 拍卖，因此供应方 i 的报价为其真实成本 C_i（在这里，我们不考虑供应方的竞标成本），而竞标的最终胜出者为真实成本最低的供应方。由于真实成本 C_i 是 β_i 的减函数，因此在招标中经验最多的供应方胜出。

我们记经验最多的供应方的成本为 C_1，经验次多的供应方的成本为 C_2，则需求方的支付为 C_2（其中包括信息租金 C_2-C_1）。需求方的期望收益 $E(V_a)$（下标 a 表示招标）可表示为：

$$E(V_a)=Q-E(C_2)=Q-c[Q-E(\beta_2)] \tag{3-4}$$

其中，β_2 表示经验次多的供应方的经验值。我们前面已经定义了 P 代表需求方在交易中的支付，那么，在招标中 $P=c[Q-E(\beta_2)]$，整理后得 $Q=P/c+E(\beta_2)$，将其代入式(3-4)可得命题 3-3。

命题 3-3　在招标中，需求方的期望收益为：

$$E(V_a)=E(\beta_2)+\frac{P}{c}-P \tag{3-5}$$

通过招标，需求方可以获得的专业经验为 $E(\beta_2)$，可以获得的努力水平为 P/c。$E(\beta_2)$是 n 的增函数，所以在招标中，$E(V_a)$是 n 的增函数，即参加竞标的人数越多，需求方的收益越大。

3.4.3　竞赛和招标的需求方收益比较

我们已经分别对竞赛和招标中的需求方收益进行了分析，接下来我们将对这两种制度下的需求方收益进行比较。比较式(3-3)和式(3-5)后可以发现，需求方通过竞赛获得的专业经验大于通过招标获得的专业经验$[E(\beta_1)>E(\beta_2)]$，然而其通过竞赛获得的努力水平却低于通过招标获得的努力水平$[nP/(2n-1)c<P/c]$。造成这种情况的原因在于，招标中存在逆向选择的问题，为了能让供应方披露自己的真实类型，需求方就需要支付信息租金，因此在招标中，需求方可获得的专业经验就较少。然而，虽然需求方在竞赛中不需要支付信息租金，但是由于竞赛中存在竞争，供应方就会减少投入以避免过高的损失，这就导致需求方在竞赛中获得的努力水平较低。对需求方使用这两种不同交易机制的得失进行比较后，就可以得到需求方选择这两种交易机制的条件。

命题 3-4　对于普通知识产品在线定制，当 $E(\beta_1)-E(\beta_2)>\frac{n-1}{2n-1}\frac{P}{c}$ 时，需求方应选择竞赛进行交易，反之则应选择招标。

由上述命题可知，需求方对交易机制的选择和任务的激励强度 P/c、供应方的人数 n 以及供应方的经验分布函数 F 相关。从命题 3-4 中的判断式，可以直接看出任务激励强度（P/c）较小时，竞赛占优的可能性较大；当 P/c 较大时，招标占优的可能性较大。因此，当供应方的人数和分布形式确定时，需求方可以根据自己的预算情况来决定所要采用的交易机制。如果预算较小，可给予供应方的激励强度较小，那么竞赛占优的可能性较大；反之，招标占优的可能性较大。由于任务激励主要作用于供应方的努力水平，所以换个角度来说，如果一个创新任务主要依靠供应方的经验来完成，不需要太多额外努力，那么竞赛占优的可能性较大；反之，招标占优的可能性较大。

但是，如果需求方对供应方的人数和分布不甚了解，那么要选择合适的交易机制就比较困难。这时需求方有两种选择：①通过观察市场上已经发生的类似交易来获得供应方的信息，然后确定交易机制；②先进行一些试探性的交易来确定供应方的情况，在获得充分信息后再确定最终的交易机制。通常，试探性交易的预算较小，所以采用竞赛进行的居多。

从命题 3-4 中的判断式，并不能直接看出供应方人数及供应方分布对机制适用范围的影响。为了更清晰地展示这些影响，我们引进一个具体的分布函数来代替上述一般分布情况。在经济分析中，均匀分布是一种常用的连续递增分布函数，因此我们假设 β_i 在 $[R-s/2, R+s/2]$ 上均匀分布，$R \geqslant s/2 > 0$。其中，R 表示供应方的平均经验水平，s 表示供应方之间的最大经验差异。假设 $\beta_1 \geqslant \cdots \geqslant \beta_k \geqslant \cdots \geqslant \beta_n$，由顺序统计量（order statistics）的基本知识可知：

$$E(\beta_k) = (R - s/2) + s \cdot \frac{n+1-k}{n+1}$$

由此可得：

$$E(\beta_1) = (R - s/2) + s \cdot \frac{n}{n+1},\ E(\beta_2) = (R - s/2) + s \cdot \frac{n-1}{n+1}$$

所以：

$$E(\beta_1) - E(\beta_2) = \frac{s}{n+1}$$

命题 3-4 中的判断式可改写为 $\frac{s}{n+1} > \frac{n-1}{2n-1}\frac{P}{c}$。我们分别以 $P/c = 1$ 和 $P/c = 4$ 为例画出了当供应方的经验差异为均匀分布时，竞赛和招标各自适用的范围(见图 3-1)。

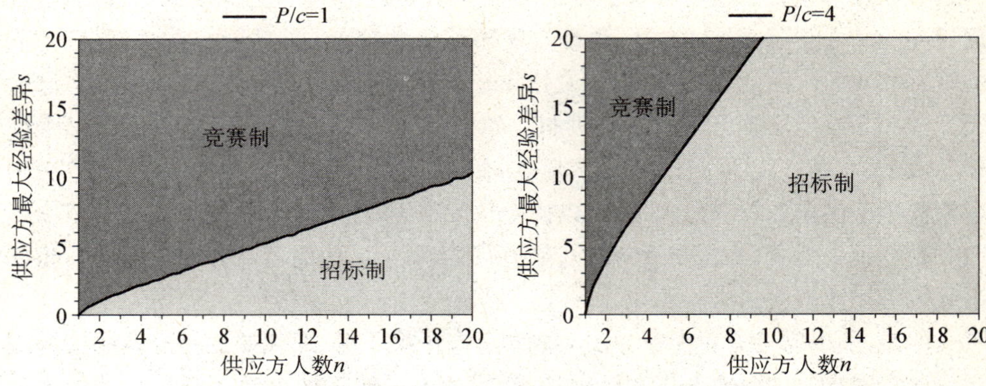

图 3-1 知识产品在线定制市场中不同交易机制的适用范围

从图 3-1 中的任意一张图中都可以看出,整个交易区域可分为竞赛占优区域和招标占优区域。当供应方人数 n 较小时,几乎对于所有的 s 而言,竞赛都优于招标;随着供应方人数 n 的增多,只有当 s 较大时竞赛才优于招标。再比较左右两图,可以看出,随着 P/c 值变大,即激励强度增加,竞赛的占优区域减小,招标的占优区域增大,在大部分情况下招标优于竞赛。这与我们前面的分析一致。

我们对上述结论进行分析后认为,由于主要依赖供应方经验来完成的任务所需的激励强度较小,而主要依赖供应方努力的任务所需的激励强度较大,因此从任务类型而言,竞赛较适用于经验型的任务,而招标则较适用于努力型的任务。从供应方的特征而言,竞赛适合那些供应方人数较少并且经验分布较为分散的任务,而招标则适合供应方人数众多并且经验分布较为集中的任务。

3.4.4 竞赛和招标的福利比较

竞赛和招标的社会总效用均等于需求方的收益加上供应方的收益。不同的是,在竞赛中供应方收益指的是所有参赛者的收益,而在招标中供应方收益指的是赢得合同的供应方的收益。假设竞赛的社会总效用为 W_c,招标的社会总效用为 W_a,那么有:

$$W_c = E(V_c) + nE(\pi_i) = E(\beta_1) + \frac{n}{2n-1}\frac{P}{c} - P$$

$$W_a = E(V_a) + E(\pi_1) = E(\beta_1) + \frac{P}{c} - P$$

容易发现 $W_c < W_a$，也就是说对于普通知识产品而言，在任何交易条件下招标的社会总效用都大于竞赛的社会总效用。因此，如果普通知识产品在线定制市场的设计者从最大化社会福利的角度出发来选择交易机制，那么招标优于竞赛。这也许可以部分解释为什么 Elance、Guru 等专注于普通知识产品定制的在线市场都选取招标制作为市场主要交易机制。

最后，我们把竞赛和招标情况下市场各方的预期收益总结入表 3-1(其中“?”表示两者之间的大小关系不确定)。

表 3-1　普通知识产品定制需求方、供应方的预期收益及社会福利

	竞　赛		招　标
需求方	$E(\beta_1)+\frac{n}{2n-1}\frac{P}{c}-P$	?	$E(\beta_2)+\frac{P}{c}-P$
供应方	0	$<$	$E(\beta_1)-E(\beta_2)$
社会福利	$E(\beta_1)+\frac{n}{2n-1}\frac{P}{c}-P$	$<$	$E(\beta_1)+\frac{P}{c}-P$

3.5　创新知识产品在线定制

我们假设普通知识产品的成果质量完全由供应方的经验水平和努力水平决定。然而，对于一些创新知识产品而言，其产品质量还可能受到一些随机因素的影响，从而可能使得交易结果有所不同。接下去，我们将特别对创新知识产品的交易机制选择进行研究。

3.5.1　竞赛和招标的需求方收益比较

创新知识产品的成果质量可能受到随机因素的影响。我们假设创新成果质量 Q 可表示为 $Q=\beta+e+\xi$，其中随机因素变量 ξ 的数学期望为 0，满足独立概率分布 $G(\xi)$。ξ_i 是 ξ 对于创新者(供应方) i 的具体实现，我们记 $\xi_1 \geqslant \xi_2 \geqslant \cdots \geqslant \xi_n$。并且，我们假设创新者在开始创新前选择努力水平，随机因素的影响是在创新者选择了努力水平后才发生的，所以随机因素并不会对创新者的努力水平产生影响。也就是说，创新知识产品交易模型中创新者的努力水平和普通知识产品交易模型中供应方的努力水平相同。

但是在创新类模型中，需求方的收益却可能发生变化。我们记 V' 为创新类模型中需求方的收益。在竞赛中，需求方的期望收益 $E(V_c') = E(Q_1)$。值得注意的是：

$$E(Q_1) \leqslant E(\beta_1) + E(e_1) + E(\xi_1)$$

因为经验最丰富、努力水平最高的创新者获得的随机值不一定最高，只有当最大值都发生在同一位创新者的身上时上式中的等号才成立。另一方面，由于最好的创新成果质量为 Q_1，所以 $Q_1 \geqslant \beta_1 + e_1 + \xi$，由此可得：

$$E(Q_1) \geqslant E(\beta_1) + E(e_1) + E(\xi)$$

已知 $E(\xi) = 0$，所以 $E(Q_1) \geqslant E(\beta_1) + E(e_1)$。综上所述，我们可以把竞赛需求方的收益记为 $E(V_c') = E(\beta_1) + E(e_1) + \Delta = E(V_c) + \Delta$，其中 $0 \leqslant \Delta \leqslant E(\xi_1)$。

在招标中，需求方的期望收益 $E(V_a') = E(V_a) + E(\xi)$。已知 $E(\xi) = 0$，所以有 $E(V_a') = E(V_a)$。从上述分析可以看出，在创新类模型中，竞赛中需求方的期望收益增加了，而招标中需求方的期望收益没有变化，那么对于创新性任务来说，竞赛的适用范围变大了（见命题 3-5）。

命题 3-5 对于创新知识产品在线定制，当 $E(\beta_1) - E(\beta_2) + \Delta > \dfrac{n-1}{2n-1} \cdot \dfrac{P}{c}$ 时，需求方应选择竞赛进行交易，反之则应选择招标。

另外，值得注意的是，ξ 的方差越大，随机因素对于产品质量的影响越大，上述命题中的不等式也越容易被满足，也就是说，当 ξ 方差越大，竞赛可能适用的范围也就越大。

为了更清晰地表现普通类模型和创新类模型的不同，我们仍然引入具体的分布函数。假设 β_i 在 $[R-s/2, R+s/2]$ 上均匀分布，随机因素 ξ 在 $[-h, +h]$ 上均匀分布。并且，假设 $\Delta = E(\xi_1)$。由顺序统计量的基本知识，我们可得 $E(\xi_1) = \dfrac{n-1}{n+1} \cdot h$，则：

$$E(\beta_1) - E(\beta_2) = \frac{1}{n+1} \cdot s + \frac{n-1}{n+1} \cdot h$$

因此命题 3-5 中的判断式可改写为 $\dfrac{1}{n+1}s + \dfrac{n-1}{n+1}h > \dfrac{n-1}{2n-1} \cdot \dfrac{P}{c}$。

图 3-2 以 $P/c = 4$ 为例分别表现了 $h = 2$ 和 $h = 3$ 时，竞赛和招标的适用范围。并且，图 3-2 还标出了 $h = 0$（成果质量不受随机因素影响）时的情况，以作比较。

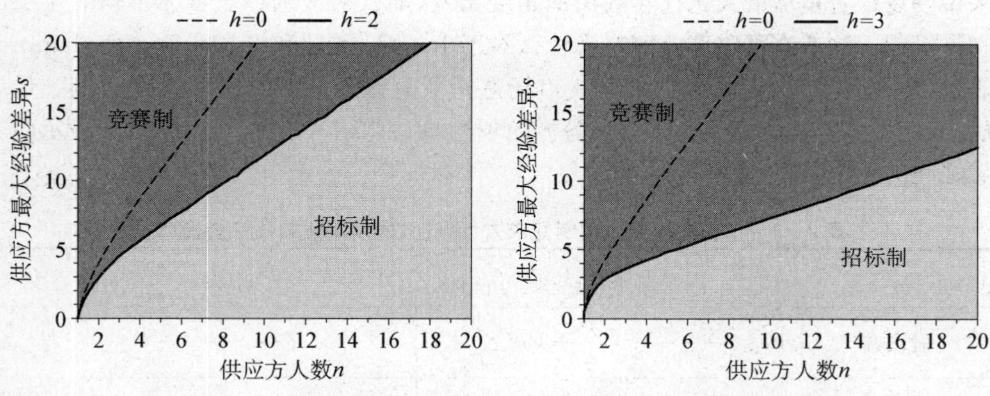

图 3-2　成果质量受随机因素影响时不同交易机制的适用范围

图 3-2 中的实线表示的是创新知识产品的竞赛—招标占优分界线，虚线表示的是在同等竞赛条件下，普通知识产品的竞赛—招标占优分界线。可以看出，创新知识产品和普通类知识产品相比，竞赛的占优区域变大。右图中的随机因素影响大于左图中的随机因素影响，所以比较左右两图可以发现，随机因素的影响越大，竞赛的占优区域越大。这是因为竞赛采用的是事后判断原则，也就是说等随机事件发生后，再来判断优胜者，从而可以保证得到最优成果；而招标采用的是事前判断原则，即在随机事件发生前就判断优胜者，这种判断方式本身蕴含了风险，因此其表现不如竞赛。

3.5.2　竞赛和招标的福利比较

我们仍旧假设竞赛的社会总效用为 W_c，招标的社会总效用为 W_a，对于创新知识产品在线定制而言，有：

$$W_c = E(V_c) + \Delta + nE(\pi_i) = E(\beta_1) + \frac{n}{2n-1} \cdot \frac{P}{c} + \Delta - P \qquad (3-6)$$

$$W_a = E(V_a) + E(\pi_1) = E(\beta_1) + \frac{P}{c} - P \qquad (3-7)$$

由式(3-6)和(3-7)可知，当 $\frac{n}{2n-1} \cdot \frac{P}{c} + \Delta > \frac{P}{c}$ 时，竞赛的社会总效用大于招标的社会总效用。也就是说，和普通知识产品在线定制不同，创新知识产品在线定制可能出现竞赛福利大于招标福利的情况。所以，当 $\frac{n}{2n-1} \cdot \frac{P}{c} + \Delta > \frac{P}{c}$ 时，如果市场设计者是从最大化社会效用的角度出发，那么应该选择竞赛为市场的主要交易机制。这或许可以部分解释为什么对于 InnoCentive 和 Innovation Exchange 等以创新知识产品定制为主的在线市场选择竞赛制作为其主要的交易机制。最后，我们把竞赛和招标情况下市场各方的预期收益总结入表 3-2（其中“?”表示两者之间的大小关系不确定）。

表 3-2　创新知识产品定制需求方、供应方的预期收益及社会福利

	竞赛		招标
需求方	$E(\beta_1)+\frac{n}{2n-1}\cdot\frac{P}{c}-P+\Delta$	?	$E(\beta_2)+\frac{P}{c}-P$
供应方	0	$<$	$E(\beta_1)-E(\beta_2)$
社会福利	$E(\beta_1)+\frac{n}{2n-1}\cdot\frac{P}{c}-P+\Delta$	?	$E(\beta_1)+\frac{P}{c}-P$

3.5.3　基于实证的扩展研究

3.5.3.1　*在线定制市场中创新者的生产及成本特征*

创新者生产及成本函数的设定，对于机制的选择和优化有着重要的影响，而由于在线环境的特殊性，在线定制市场中创新者的生产及成本特征应该具有一些特点，如果可以捕捉到这些特点，我们就可以更准确地比较交易机制的优劣。幸运的是，Lakhani et al.(2007)的实证研究帮助我们初步了解了这些特点。Lakhani et al.(2007)对 166 个在线创新项目进行了研究，并对 357 位在线创新者进行了有效问卷调查，该研究对在线创新者的特征和在线创新项目的解决过程进行了细致的描述和分析。

Lakhani et al.(2007)的数据统计显示，获胜创新者解决问题的速度相当快，平均只花费 3 天左右的时间。对创新者所做的问卷调查揭示了他们如此高效的原因：72.5%的获胜者提到他们提交的解决方案是部分或完全基于现成的解决方案，他们的主要工作是对这些方案做一些更具针对性的调整和改进。由此可以看出在线创新者的产出不仅仅依赖于他们的生产投入，也依赖于他们已有的专业积累。这使得我们之前对于在线创新者 i 的生产函数定义 $Q_i=\beta_i+e_i+\xi_i$ 有了实证的支持。

在以往的研究中，出于研究的方便，多数研究者假设创新者拥有相同的成本函数（Taylor，1995；Fullerton et al. 2002；Schottner，2008），只有少数研究者采用了成本异质模型(Fullerton & McAfee，1999；Terwiesch & Xu，2008)。在前面的分析中我们也沿袭了成本同质的传统。不过，Lakhani et al.(2007)研究发现，在在线环境下创新者的生产投入主要是他们的空闲时间，创新者能否赢得比赛与创新者投入的空闲时间数量存在强正相关性，获胜者投入时间平均为未获胜者投入时间的两倍。因此，我们用创新者投入的空闲时间数量 x_i 来表示生产投入。又因为不同的创新者拥有不同数量的空闲时间，所以我们假设 $x_i \in [0, m_i]$，m_i 是创新者 i 最多可用的空闲时间，服从于 $[0, \overline{m}]$ 上的分布函数 H。另外，空闲时间是指机会成本很小的时间，其成本对于不同的创新者而言通常不存在太大的差异，所以我们假设创新者 i 的成本函数为 cx_i，c 为常数且满足 $0<c<1$。值得注意的是，以往的研究把成本函数相同的创新者称为同质创新者，成本函数不同的创新者称为异质创新者。在本节的研究中，虽然创新者的成本函数相同，但他们仍然是异质的，这里的异质性表现为他们具有不同的专业积累和不同的空闲时间。

3.5.3.2　竞赛模型

在一个在线创新市场中，需求方悬赏一个创新任务并给出悬赏金额 P，参加悬赏竞赛的创新者中谁的产出最大，谁就赢得比赛并获得奖金。市场中有 $n(n \geqslant 2)$ 个创新者参加竞赛，所有的创新者和需求方都是风险中性的。创新者的问题可以表示为：

$$\operatorname*{Max}_{x_i} \pi_i = P \cdot p_i(x_i) - cx_i, \text{ s.t. } 0 \leqslant x_i \leqslant m_i, \pi_i \geqslant 0 \tag{3-8}$$

其中，$p_i(\cdot)$表示创新者 i 赢得比赛的概率。

根据竞赛规则，产出 Q_i 最大的创新者赢得比赛。$Q_i = \beta_i + x_i + \xi_i$，由于 ξ_i 在 x_i 之后实现，且 $E(\xi) = 0$，所以创新者在决定投入时间时无需考虑随机因素的影响。如果创新者 i 选择投入时间 x_i，则其赢得竞赛的期望概率为：

$$p_i(x_i) = \Pr\{\beta_i + x_i > \beta_j + x_j, i \neq j\} \tag{3-9}$$

假设创新者采用对称策略 $x_i = b(\beta_i)$ 来决定投入水平，其中 b 是单调递增函数，那么当创新者 i 选择投入 x_i 时，其赢得比赛的概率为 $F^{n-1}[b^{-1}(x_i)]$，式(3-8)可表示为：

$$\operatorname*{Max}_{x_i} \pi_i = PF^{n-1}[b^{-1}(x_i)] - cx_i, \text{ s.t. } 0 \leqslant x_i \leqslant m_i, \pi_i \geqslant 0$$

假设 $y = b^{-1}$，并且由创新者的对称性可将一阶条件简化为：

$$P(n-1)F^{n-2}(y)f(y)dy = cdx \tag{3-10}$$

其中 $f(y)=dF(y)/dy$。由于专业积累最少 ($\beta_i=\underline{\beta}$) 的创新者不可能赢得竞赛，所以该类型创新者的最优投入为0，从而有边界条件 $y(\underline{\beta})=0$。求解微分方程(3-10)得：

$$c\int_0^{x^*}dx=P(n-1)\int_{\underline{\beta}}^{\beta}F^{n-2}(y)f(y)dy \tag{3-11}$$

$$x^*=\frac{P}{c}F^{n-1}(\beta)\equiv b(\beta) \tag{3-12}$$

该最优化问题的二阶条件由目标函数的伪凹性保证。

由式(3-12)可知 $b(\beta)$ 满足单调递增性，与先前假设并无矛盾。把 x^* 代入收益函数 π 可发现 $\pi^*=0$，这就意味着当 $x\neq x^*$ 时 $\pi<0$。如果 $m_i<x_i^*$，则无论创新者 i 投入多少时间，其期望收益均小于零，此时创新者的最优选择是不参加竞赛，因此 $x_i^*\leqslant m_i$ 是创新者 i 的参与约束条件。至此我们得到命题3-6。

命题3-6 在在线创新竞赛中，当 $x_i^*\leqslant m_i$ 时，创新者投入水平的Bayes-Nash均衡为 $x_i^*=\frac{P}{c}F^{n-1}(\beta_i)$；反之，创新者将不参加竞赛。

接着再来看需求方的收益。在创新竞赛中需求方的收益是获奖创新者的产出，即所有创新者产出中的最大值。若我们用带括号的上标来表征函数值的排列顺序，并且上标越小函数值越大，即 $Q^{(1)}>Q^{(2)}>\cdots>Q^{(n)}$。我们假设需求方通过竞赛获得的收益为①：

$$U_c=E(Q^{(1)})-P=E[\beta^{(1)}+x^{(1)}+\xi^{(1)}]-P \tag{3-13}$$

由顺序统计量(order statistics)的基本知识②可得：

$$\begin{aligned}U_c&=E(\beta^{(1)})+n\int_{\beta_0}^{\beta_1}\frac{P}{c}F^{n-1}(\beta)F^{n-1}(\beta)f(\beta)d\beta+E(\xi^{(1)})-P\\&=E(\beta^{(1)})+\frac{n}{2n-1}\cdot\frac{P}{c}+E(\xi^{(1)})-P\\&=E(\beta^{(1)})+E(\xi^{(1)})+\left(\frac{n}{2n-1}\cdot\frac{1}{c}-1\right)P\end{aligned} \tag{3-14}$$

---

① $E(Q^{(1)})\leqslant E[\beta^{(1)}+x^{(1)}+\xi^{(1)}]$，接下去只考虑等号情况，非等号情况只需用 Δ 代替 $E(\xi^{(1)})$，其中 $0<\Delta<E(\xi^{(1)})$。

② $E(x^{(1)})=n\int xF^{n-1}(s)f(s)ds$。

从式(3-14)可以发现当 $0 < c < \frac{n}{2n-1}$ 时，U_c 是 P 的增函数；当 $\frac{n}{2n-1} < c < 1$ 时，U_c 是 P 的减函数。因为 $n \geqslant 2$，可更进一步得：当 $0 < c \leqslant 1/2$ 时，U_c 一定是 P 的增函数；当 $1/2 < c \leqslant 2/3$ 时，只要 $n \leqslant \frac{c}{2c-1}$，$U_c$ 仍是 P 的增函数；而当 $2/3 < c < 1$ 时，U_c 一定是 P 的减函数。U_c 是 P 的减函数意味着企业给予创新者的奖励越多，其最终获得的收益越小，那么此时企业的最优策略应为零奖励，即不组织悬赏竞赛。也就是说，当 c 较大时，企业不应采用悬赏竞赛的方式外包创新任务。由于 c 是空闲时间的单位成本，而空闲时间的单位成本通常较低，因此在随后的分析中我们假设 $0 < c \leqslant 1/2$ 的条件被满足，U_c 是 P 的增函数。由创新者的参与约束条件 $\frac{P}{c}F^{n-1}(\beta_i) \leqslant m_i$ 可知 P^* 应满足 $\frac{P^*}{c}F^{n-1}(\beta^{(1)}) = m^{(1)}$ ①，即 $P^* = c \cdot \frac{2n-1}{n} \cdot m^{(1)}$，再把 P^* 代入式(3-14)可得命题 3-7。

命题 3-7　在在线创新竞赛中，需求方给出的最优悬赏奖金额为 $P^* = c \cdot \frac{2n-1}{n} \cdot m^{(1)}$，需求方的期望收益为 $U_c(P^*) = E(\beta^{(1)}) + \left(1 - c \cdot \frac{2n-1}{n}\right)E(m^{(1)}) + E(\xi^{(1)})$。

特别需要说明的一点是，在在线创新市场中，悬赏金额并非越高越好。悬赏金额高意味着要求的创新产出高，在创新者可用的专业积累有限的条件下，创新者必须要投入更多的时间来进行创新活动。然而，由于很多创新者的空闲时间有限，所以他们不得不放弃参加竞赛。换句话来说，悬赏金额越高，能参加竞赛的创新者就越少，或者参加了也很有可能不能完成任务。因此，如果需求方有一个大的创新任务，应考虑将其分解成若干容易完成的小任务，然后各自附之以适当的奖励金额，分散进行悬赏。

3.5.3.3　招标模型

在在线创新市场中，需求方发布一个创新任务，并给出了创新成果所需达到的各项标准，这些标准可被看作是创新者在中标后必须达到的产出水平，我们用 Q_s 来表示。市场中有 n 个创新者参加竞标，创新者在证明自己的能力后，结合该产出水平和自己的成本情况给出一个密封报价，所有满足要求的报价者中，价格最低者获胜。所有的创新者和需求方都是风险中性的。这种招标方式可被近似地看作第一价格逆向拍卖。由于我们的模型符合对称独立私有质量条件(SIPV)，因此根据

① 这里的 $m^{(1)}$ 是 β 最大的创新者的最多可用空闲时间。

收益等价原理，第一价格拍卖与第二价格拍卖的收益等价。我们可以通过分析第二价格拍卖收益来获得需求方在招标模型中的收益。

在第二价格拍卖中，创新者的出价等于自己的真实成本，成本最低者胜出，需求方支付给创新者的报酬为成本次低者的报价（真实成本）。当产出为 Q_s 时，成本次低者的报价（真实成本）为 $C^{(n-1)}=c[Q_s-\beta^{(2)}]$，因此我们可得需求方的收益为：

$$U_r=Q_s-E(C^{(n-1)})=Q_s-c[Q_s-E(\beta^{(2)})]=(1-c)Q_s+cE(\beta^{(2)}) \tag{3-15}$$

与竞赛模型类似，由于创新者的空闲时间有限，因此也存在参与约束，具体来说，当 $Q_s-\beta_i\leqslant m_i$ 时创新者会参加竞标，反之则不会。那么，由式(3-15)可知 U_r 是 Q_s 的增函数，结合上述参与约束，可得 $Q_s^*=\beta^{(1)}+m^{(1)}$，再把 Q_s^* 代入式(3-15)可得命题 3-8。

命题 3-8 在在线创新招标中，需求方的最优产出水平选择 $Q_s^*=\beta^{(1)}+m^{(1)}$，需求方的期望收益为 $U_r=E(\beta^{(1)})+(1-c)E(m^{(1)})-c[E(\beta^{(1)})-E(\beta^{(2)})]$。

和竞赛相同，在招标中，由于创新者受到可用时间的限制，所以通常无法完成产出要求很高的任务。需求方也需要把大任务、复杂的任务拆分成小的、相对简单的任务进行定制。

3.5.3.4 竞赛和招标的需求方收益比较

通过对竞赛和招标条件下的需求方收益进行直接比较，我们可以得到命题3-9。

命题 3-9 当 $E(\xi^{(1)})-c\cdot\frac{n-1}{n}E(m^{(1)})>-c[E(\beta^{(1)})-E(\beta^{(2)})]$ 时，需求方通过竞赛获得的收益大于招标。

和竞赛相比，招标有一个明显的劣势 $-c[E(\beta^{(1)})-E(\beta^{(2)})]$，该劣势来自于拍卖机制本身的特性。在拍卖机制中，拍卖组织者需要支付信息租金以换取竞拍者的真实成本信息，而 $c[E(\beta^{(1)})-E(\beta^{(2)})]$ 就是需求方在招标中支付的信息租金。和招标相比，竞赛既存在优势 $E(\xi^{(1)})$，也存在劣势 $-c\cdot\frac{n-1}{n}E(m^{(1)})$。其优势来源于创新任务的不确定性。在竞赛中有多个竞赛者同时进行创新活动，而在招标中只有中标者一人进行创新活动。在创新产出不确定的情况下，多人尝试获得好结果的可能性比一人尝试大。竞赛的劣势与创新者所拥有的空闲时间相关，创新者可投入的空闲时间越多，竞赛的劣势越明显。以往研究竞赛的文章曾提到不对参赛者加以限制的开放式竞赛可能由于过度竞争而引起参赛者投入不足(Taylor，1995；Fullerton & McAfee，1999，etc.)。我们这里讨论的竞赛属于开放式竞赛，所以它不可避免地存在这个问题。在在线创新环境下，创新者的产出由专业积累和时间投入两部分构成，由于专业积累不产生成本，所以过度竞争只是对创新者的时间投入策略有影响，并且创新者的可投入时间越多，影响越明显。由于招标不存在过度竞争问题，所以当创新者的可投入时间很多时，招标相对于竞赛就更有优势。

命题 3-10　如果 $n\to\infty$，那么，当 $E(\xi^{(1)})>cE(m^{(1)})$ 时，需求方通过竞赛获得的收益大于通过招标获得的收益。

在不考虑投标成本的情况下，当 $n\to\infty$ 时，$c[E(\beta^{(1)})-E(\beta^{(2)})]=0$，需求方在招标中不需再支付信息租金。此时，竞赛和招标的比较转化为竞赛本身优缺点的比较。而由于在 $n\to\infty$ 的情况下，参赛者投入不足的情况相当严重，因此只有当随机变量对于产出的贡献大于参赛者时间投入的贡献时，竞赛才会占优。这或许可以解释为什么网上大多数的设计和创意任务以竞赛的方式进行。设计和创意类成果的评价很大程度上依赖于评价者的主观偏好，而这种主观偏好往往很难预测和表达，可以被认为是影响成果质量的重要不确定因素。

命题 3-11　如果 $E(\xi^{(1)})=0$，那么，当 $\frac{n-1}{n}E(m^{(1)})<E(\beta^{(1)})-E(\beta^{(2)})$ 时，需求方通过竞赛获得的收益大于招标。

上述命题说明的是，排除投标成本和随机因素的影响，如果创新者能够投入的空闲时间很少，创新产出主要依赖于创新者已有的专业积累时，那么竞赛仍然占优。反之，如果创新者可用于在线创新的空闲时间较多时，招标则有可能占优。

通过比较，我们发现竞赛和招标分别适用于不同的任务条件。具体而言，竞赛适用于创新产出受随机因素影响较大、创新产出主要依赖于创新者的已有积累、无需太多额外时间投入的任务类型。而招标则恰好相反，它适用于创新产出受随机因素影响较小、创新产出主要依赖于创新者时间投入的任务类型。另外，无论是在竞赛和招标中，大任务都应该考虑分散成小任务进行定制。

第四章

知识产品在线竞赛中的奖金分配机制

4.1 引言

我们在上一章中已经提到竞赛是知识产品在线定制市场的主要交易机制之一，并且说明了竞赛制适用的交易范围。在接下来的两个章节中，我们将对竞赛机制本身进行研究，讨论在知识产品在线定制的环境下，如何设计更有效的竞赛机制。

有些学者也把知识产品在线定制市场中的竞赛称为"众包竞赛"(crowdsourcing contest)(J. Yang et al., 2008; DiPalantino & Vojnovic, 2009)。"众包"的概念由 Jeff Howe 于 2006 年提出，指的是"一个公司或机构把过去由员工执行的工作任务，以自由自愿的形式外包给非特定的(而且通常是大型的)大众网络"。众包的实现有赖于互联网技术，其价值来源于互联网所连接的庞大人力资源，其价值实现主要通过两个途径：一是借助互联网寻找到能完成某项任务的合适劳动力，比如一些疑难任务的悬赏；二是借助互联网协同技术充分发挥群体的力量来完成一些大型任务，比如开源软件开发、维基百科写作等。毫无疑问，知识产品在线定制市场可以被看作是企业实现众包的一个场所，而在这个场所中所进行的竞赛可以被看作是众包竞赛。为了表述方便，我们在下文中将知识产品在线定制市场中的竞赛称为"众包竞赛"。

在众包竞赛中，先由需求方在互联网上发布一个知识产品定制任务，大众根据需求方公布的任务要求和奖励金额，自行决定是否参加竞赛，当参赛者完成任务并提交成果后，需求方从中选出优胜者并给予奖励。众包竞赛的任务类型多种多样，包括科研难题、产品设计、广告创意、软件开发等等，奖励金额也从上万元到几百元不等。众包竞赛的需求方既可能是世界500强企业、政府机构或慈善组织，也可能是中小企业或个人，而众包竞赛的参赛者则以个人和小企业为主。

虽然众包竞赛作为一种新型的人力资源利用方式还处于发展的初期，但竞赛本身并不是一件新鲜事。在经济学中，竞赛被定义为“两个或两个以上的参与个体为获取某项奖励而支付货币或努力的经济或社会活动”(Dasgupta & Nti, 1998)。满足上述定义的竞赛在现实生活中随处可见，比如组织内部的职位晋升和雇用(Konrad, 2004)、企业的新产品研发竞赛(Dasgupta, 1986)、组织团体的游说活动(Hillman & Riley, 1989)、国家之间的经济竞争(Konrad, 2000)，等等。自20世纪80年代起，理论界关于竞赛机制的研究也是层出不穷(Glazer & Hassin, 1988; Che & Gale, 2003; Moldovanu & Sela, 2001; Moldovanu & Sela, 2006)。

然而，众包竞赛作为一种新的竞赛类型，具有两个鲜明的特点：第一，它是围绕一项任务展开的面向大众的竞赛，需求方只给出任务描述，并不对参赛者设定条件，由大众自行决定是否参加竞赛；第二，竞赛在互联网上进行。这些特点隐含着一些独特的约束条件，这些约束条件将对竞赛组织者(任务需求方)和参赛者(大众)的行为产生影响，最终导致独特的竞赛结果。为了提高众包竞赛的效率，研究者有必要在结合众包竞赛特点的情况下，分析竞赛各方的行为，设计最优的竞赛机制。

本章研究的是众包竞赛中的奖金分配问题，具体来说，就是在众包竞赛中，众包需求方应该如何分配奖金以最大化自己的效用。理论界已经有不少关于奖金分配问题的研究，但是我们从两个方面考虑众包竞赛的特殊性：第一，众包竞赛面向的是大众，大众在财务上的风险抵抗力通常较弱，从风险偏好的角度而言，也就意味着参赛者以风险厌恶性的居多；第二，众包竞赛通常在网络市场上进行，而网络市场上往往存在多个相似的竞赛任务，参赛者可以无成本地搜索和选择这些任务。基于这两个特点，我们得出了一些新的或者与以往研究不同的结果，为众包竞赛中的奖金分配问题提供了新知识。

4.2　相关研究

在以往关于竞赛机制的研究中，大部分研究者都假设竞赛是单奖金的，然而在实际生活中，多奖金竞赛随处可见，这一现象引起了部分研究者的关注，于是他们对竞赛奖金分配问题进行了研究。

刚开始，竞赛奖金分配研究大多假设参赛者是同质的，竞赛中不存在私有信息(Clark & Riis, 1998; Barut & Dan, 1998)。然而，这显然和很多竞赛的实际情况不同。Glazer & Hassin(1988)虽然考虑了参赛者的异质性，并提出了一个非完全信息的竞赛模型，但是模型不易求解，无法得出直观的结论。直到 21 世纪初，Moldovanu & Sela(2001)对 Glazer & Hassin(1988)的模型加以改进，建立了一个新的非完全信息的竞赛模型。在该模型中，参赛者具有不同的能力，参赛者的能力类型是参赛者的私有信息，能力类型的分布是公共信息；参赛者的成本由其能力类型和努力水平所决定；竞赛组织者的目的是最大化所有参赛者的努力总和或者说是参赛者的总努力水平。基于该模型，Moldovanu & Sela(2001)比较了在不同的成本函数形式下竞赛的最优奖金分配机制。他们指出，奖金分配策略影响竞赛组织者收益的根本原因是不同名次上的奖金会产生不同的激励作用。参赛者的努力水平决定了参赛者的名次，而其努力水平大小和能力高低成正比。对于高能力的参赛者而言，他获得高名次的概率较大，所以高名次奖金对于他的激励作用大于低名次奖金；反之，对于低能力的参赛者而言，低名次奖金对于他的激励作用大于高名次奖金。因此把奖金集中奖励给高名次优胜者(极端情况就是单奖金竞赛)意味着增加对高能力参赛者的激励，减少对低能力参赛者的激励；而把奖金分散给多位优胜者则意味着增加对低能力参赛者的激励，减少对高能力参赛者的激励。通过比较集中奖金和分散奖金所能起到的总激励作用，就可以决定哪一种策略占优。Moldovanu & Sela(2001)证明了当成本函数为线性函数或凹函数时，集中奖金的总激励作用大于分散奖金的总激励作用，因此竞赛组织者的最优策略是设置单奖金；而当成本函数为凸函数，即成本随着努力水平的增加而快速增加时，不同奖金分配策略的激励作用与参赛者的能力分布情况有关，所以最优的奖金分配策略取决于参赛者的能力分布。

尽管 Moldovanu & Sela(2001)的结论已具有很强的解释力，但是众包竞赛的实际环境较之 Moldovanu & Sela(2001)的模型更为复杂，因此仍有不少研究者专门就众包竞赛的奖金分配问题进行了研究。

J. Yang et al. (2008)基于 Taskcn. com 的数据分析了实际众包竞赛中不同任务类型的奖金分配情况。根据他们的统计，在所有的任务类型中，都同时存在单奖金和多奖金模式，但是对于不同任务类型，多奖金竞赛所占的比例不同。在设计类任务中，多奖金竞赛所占的比例较小，而在策划、网站设计等任务类型中，多奖金竞赛所占的比例较大。J. Yang 等认为，造成上述现象的主要原因是不少设计类任务只追求一个最好的设计方案；而不少策划、网站设计类任务则追求多个解决方案，然后再将它们加以综合。

同样利用 Taskcn. com 的数据，Y. Yang et al. (2009)研究了多奖金模式在不

同类型任务竞赛中的表现。他的研究结果表明，在所有任务类型中，多奖金竞赛的表现均有可能优于单奖金竞赛，而在经验型任务（例如软件开发）中，多奖金模式显得比在创意型任务（例如图形设计）中更有效。

Terwiesch & Xu(2008)建立了不同任务类型下奖金分配的理论模型，他们把任务分为三类：创意型、经验型和试验型。其中，创意型和试验型任务的完成质量受随机因素的影响，和参赛者的能力大小无关；经验型任务的完成质量不受随机因素的影响，和参赛者的能力大小相关。Terwiesch & Xu(2008)证明，对于创意型和试验型任务而言，单奖金竞赛优于多奖金竞赛，而对于经验型任务而言，多奖金竞赛有可能优于单奖金竞赛。

DiPalantino & Vojnovic(2009)通过一个两阶段的模型来分析在一个众包竞赛平台上同时存在多个竞赛时，大众是如何决定参加哪个竞赛的。他们主要讨论了竞赛奖励金额对于大众竞赛选择策略的影响。他们在理论上证明了每个任务的参赛率和其奖励金额的对数成正线性相关关系。最后，他们利用 Taskcn. com 的数据对上述结论进行验证，发现当平台上的大众多为有经验的参赛者，其行为具备策略性时，上述结论成立。

Archak & Sundararajan(2009)从众包竞赛中参赛者的特点出发研究了奖金分配的问题。他们建立了参赛者风险厌恶并且参赛者人数趋近于无穷的众包竞赛模型。通过近似计算，他们证明：当参赛者风险中性时，单奖金竞赛一定是最优的，哪怕竞赛组织者追求的是多个解决方案；当参赛者风险厌恶时，多奖金竞赛可能优于单奖金竞赛，并且最优奖金份数可能大于他追求的解决方案数。

虽然 Archak & Sundararajan(2009)研究了参赛者厌恶风险时奖金分配的问题，但是他们的研究只限于竞赛组织者最大化参赛者最高努力时的情况，没有讨论竞赛组织者最大化全体参赛者努力总和时的情况，我们将对此加以补充。另外，目前的研究中还没有出现过对于多竞赛条件下奖金分配问题的讨论，我们将对此做一些开创性的研究。本书的基本模型与 Moldovanu & Sela(2001,2006)所用模型相似，满足参赛者异质、线性成本函数等条件。

4.3　众包竞赛的基本模型

4.3.1　参赛者的努力水平

首先，考虑一个单奖金的众包竞赛，奖金的金额为 M。假设共有 n 个人参赛，

参赛者 i 付出努力 x_i，产生成本 $c_i x_i$，其中 $c_i > 0$ 是参赛者的能力参数，反映了参赛者的能力类型，较低的 c_i 意味着参赛者 i 有较高的能力。$c_i \in [m, 1]$，并且服从分布函数 F，F 具有连续的概率密度 $f > 0$。为了避免由零成本而导致的无穷努力情况，我们假设 m 严格为正。c_i 是参赛者的私人信息，F 和 f 是公共信息。做出最高努力的参赛者获得奖金。若参赛者 i 获得奖金，则有正效用 $M - c_i x_i$，否则有负效用 $-c_i x_i$。参赛者的问题是选择合适的努力水平以最大化自己的效用，即：

$$\max_{x_i} M \cdot p_i(x_i > x_j,\ i \neq j) - c_i x_i$$

其中，p_i 表示参赛者 i 获得奖金的概率。

我们参照 Moldovanu & Sela(2001)的方法来求解参赛者的均衡努力[①]。假设对于所有的参赛者都存在一个对称均衡策略 $x_i = b(c_i')$，其中 c_i' 是参赛者的声明能力类型(声明类型不一定等于真实类型)，b 是一个单调递减函数。根据竞赛规则，当 x_i 最大时，参赛者获得奖金，由于 b 是单调递减函数，由此可知当 c_i' 最小时，参赛者获得奖金。我们用 $F_k^n(c)$ 表示在 n 个随机选取的能力参数中，按从小到大的顺序，能力参数 c 排在第 k 位的概率[②]，那么 $F_1^n(c)$ 表示 c 在 n 个能力参数中最小的概率。参赛者 i 的最大化问题可表示为[③]：

$$\max_{x} M \cdot F_1^n(c') - cx$$

将 $c' = b^{-1}(x)$ 代入上式可得：

$$\max_{x} M \cdot F_1^n[b^{-1}(x)] - cx$$

该问题的一阶条件为[④]：

$$M \cdot f_1^n[b^{-1}(x)] \cdot \frac{d[b^{-1}(x)]}{dx} - c = 0$$

其中，$f_1^n[b^{-1}(x)] = \{F_1^n[b^{-1}(x)]\}'$。根据显示原理可知，只需考虑参赛者说实话的情况，即 $x = b(c)$，因此上述一阶条件可改写为：

---

① Moldovanu & Sela(2001)中给出了相应的结果，但没有推导过程。

② $F_k^n(c) = \dfrac{(n-1)!}{(i-1)!(n-i)!}[F(c)]^{i-1}[1-F(c)]^{n-i}$，$F_k^n(\cdot)$ 也被称为顺序统计分布函数。关于顺序统计学的基本知识可查阅 Shaked and Shanthikumar(1994)。

③ 因为是对称策略，所以可以省略下标 i。

④ 该最优化问题的二阶条件由目标函数的伪凹性保证。

$$M \cdot f_1^n(c) \cdot \frac{dc}{dx} - c = 0$$

整理后可得：

$$dx = M \cdot \frac{1}{c} f_1^n(c) dc = M \cdot \frac{1}{c} dF_1^n(c) \tag{4-1}$$

由于能力最低的参赛者（$c = 1$）肯定不会获得奖金，因此他的最优选择是不做任何努力，即 $b(1) = 0$。根据该边界条件解微分方程(4-1)：

$$\int_0^x x = M \int_1^c \frac{1}{t} dF_1^n(t)$$

整理后可得：

$$x = -M \int_c^1 \frac{1}{t} dF_1^n(t)$$

从式(4-1)可知 $\frac{dx}{dc} = M \cdot \frac{1}{c} f_1^n(c)$，由 $f_1^n(c) < 0$ ① 可得 $\frac{dx}{dc} < 0$，所以 b 是单调递减函数的假设可以成立。

接着将上述单奖金问题扩展为多奖金问题。假设竞赛组织者设置了 k 份奖金，分别为 $M_1 \geqslant M_2 \geqslant \cdots \geqslant M_k$，$k \leqslant n$，那么参赛者的问题就变为：

$$\max_x \sum_{j=1}^{k} M_j \cdot F_j^n(c') - cx$$

以相同的方法求解后可得：

$$x = -\sum_{j=1}^{k} M_j \int_c^1 \frac{1}{t} dF_j^n(t)$$

我们将 M 归一化，并只考虑平分奖金的情况，即 $M_1 = M_2 = \cdots = M_k = \frac{1}{k}$，则有②：

$$x \equiv b_{n,k}(c) = \frac{1}{k} \int_c^1 \frac{1}{t} dF_{(k,n-1)}(t)$$

① $f_1^n(c) = dF_1^n(c)/dc = -(n-1)[1-F(c)]^{n-2} f(c)$。

② 该计算需用到顺序统计学知识：$F_k^n(t) = F_{(k-1,n-1)}(t) - F_{(k,n-1)}(t)$，$k = 2, \cdots, n-1$。

其中，$F_{(k,n-1)}$ 是随机变量 $C_{(k,n-1)}$ 的分布函数，$C_{(k,n-1)}$ 表示在 $n-1$ 个随机能力参数中按从小到大的顺序排在第 k 位的能力参数。

4.3.2 参赛者的期望收益

已知当奖金被平分为 k 份时，参赛者的最优努力水平为 $b_{n,k}(c)$，所以参赛者的期望收益为 $U_{n,k}[c, b_{n,k}(c)] = \frac{1}{k}F_1^n(b_{n,k}^{-1}) - cb_{n,k}$。$U_{n,k}[c, b_{n,k}(c)]$ 是 c 的极大值函数，由包络定理可知 $\frac{dU_{n,k}[c, b_{n,k}(c)]}{dc} = \frac{\partial U_{n,k}[c, b_{n,k}(c)]}{\partial c} = -b_{n,k}$，根据边界条件 $b_{n,k}(1) = 0$，可得该微分方程的解 $U_{n,k}(c) = \int_c^1 b_{n,k}(s)ds$。

4.3.3 竞赛组织者的期望收益

假设竞赛组织者的目标是最大化参赛者的总努力水平，其收益 $R_{n,k} = n\int_m^1 b_{n,k}(c)dF(c)$。进一步计算后可得 $R_{n,k} = E\left[\frac{1}{C_{(k+1,n)}}\right]$（计算过程见附录），其中随机变量 $C_{(k+1,n)}$ 表示的是在 n 个随机的能力参数中按从小到大的顺序排在第 $k+1$ 位的能力参数。

4.4 参赛者风险厌恶的情况

假设参赛者风险厌恶，其 Von Neumann-Morgentern 效用函数 V 满足 $V' > 0$，$V'' < 0$ 且 $V(0) = 0$。此时，参赛者的均衡努力水平变为：

$$x = b_{n,k}(c) = \frac{1}{V(k)}\int_c^1 \frac{1}{t}dF_{(k,n-1)}(t)$$

若竞赛组织者的收益为总努力水平，则有（计算过程见附录）：

$$\begin{aligned} R_{n,k}^t &= nE(x) = n\int_m^1 x_{n,k}dF(c) = n\int_m^1 \frac{1}{V(k)}\int_c^1 \frac{1}{t}dF_{(k,n-1)}(t)dF(c) \\ &= \frac{k}{V(k)}E\left[\frac{1}{C_{(k+1,n)}}\right] \end{aligned}$$

易知 $\left(\frac{x}{V(x)}\right)' = \frac{V(x) - kV'(x)}{V^2(x)}$，其中 $[V(x) - xV'(x)]' = -xV''(x) > 0$，而

$V(0)-0\cdot V'(0)=0$，所以有 $V(x)-xV'(x)>0$，进一步可得 $\left(\frac{x}{V(x)}\right)'>0$。由此可知 $\frac{k-1}{V(k-1)}<\frac{k}{V(k)}$，虽然已知 $E\left[\frac{1}{C_{(k,\ n)}}\right]>E\left[\frac{1}{C_{(k+1,\ n)}}\right]$，但是由于 $\frac{k-1}{V(k-1)}<\frac{k}{V(k)}$，所以当 k 减小时，R^t 并不一定增加。也就是说，当参赛者风险厌恶时，单项奖金竞赛不一定是竞赛组织者的最优选择。若假设 $G(k)=\frac{k}{V(k)}$，$\Delta_G=G(k+1)-G(k)$，$H(k)=E\left[\frac{1}{C_{(k+1,\ n)}}\right]$，$\Delta_H=H(k+1)-H(k)$，则当 $G(k)\Delta_H+H(k)\Delta_G<0$ 时，竞赛组织者应选择单项奖金，反之，竞赛组织者应选择多项奖金。

为了更清楚地说明上述问题，我们给出一个具体的算例。

【例】 假设 $n=3$，$m=1/2$，$F(c)=2c-1$，即参赛者的能力均匀分布在 $[1/2,\ 1]$ 上，并且 $V(x)=x^{1/2}$。此时，若竞赛组织者只将奖金发给一位竞赛者，则他的收益 $R^t_{1,\ 3}=E\left[\frac{1}{C_{(2,\ 3)}}\right]=18-24\ln 2=1.364$；若竞赛组织者将奖金平分给两位竞赛者，则他的收益 $R^t_{2,\ 3}=\sqrt{2}\cdot E\left[\frac{1}{C_{(2,\ 3)}}\right]=\sqrt{2}\times(6\ln 2-3)=1.639$。$R^t_{1,\ 3}<R^t_{2,\ 3}$，即平分奖金优于单项奖金。

4.5　多竞赛竞争的情况

4.5.1　参赛者的选择

引理 4-1[①]　对于任意奖金份数 $k_1<k_2<n$，参赛者的努力 $b_{n,\ k_1}(c)$ 和 $b_{n,\ k_2}(c)$ 单点相交，即存在唯一点 $c^*=c^*(n,\ k_1,\ k_2)\in(m,\ 1)$ 满足：

(1) $b_{n,\ k_1}(c)=b_{n,\ k_2}(c)$；

(2) 对于所有 $c\in[m,\ c^*)$，有 $b_{n,\ k_1}(c)>b_{n,\ k_2}(c)$；

(3) 对于所有 $c\in(c^*,\ 1]$，有 $b_{n,\ k_1}(c)<b_{n,\ k_2}(c)$。

定理 4-1　(证明见附录) 对于任意奖金份数 $k_1<k_2<n$，若 $U_{n,\ k_1}(m)<U_{n,\ k_2}(m)$，则对于所有 $c\in[m,\ 1)$ 都有 $U_{n,\ k_1}(c)<U_{n,\ k_2}(c)$；若 $U_{n,\ k_1}(m)>U_{n,\ k_2}(m)$，则存在唯一点 $c'=c'(n,\ k_1,\ k_2)\in(m,\ c^*)$ 满足：

① 该引理来自于 Moldovanu and Sela(2006)中的 Lemma 2。

(1) $U_{n,k_1}(c) = U_{n,k_2}(c)$;

(2) 对于所有 $c \in [m, c')$,有 $U_{n,k_1}(c) > U_{n,k_2}(c)$;

(3) 对于所有 $c \in (c', 1]$,有 $U_{n,k_1}(c) < U_{n,k_2}(c)$。

定理 4-1 表明,当竞赛的奖金分配方案不同时,它们对于不同参赛者的吸引力也不同。当 $U_{n,k_1}(m) < U_{n,k_2}(m)$ 时,所有的参赛者都会倾向于选择奖金较为分散的竞赛;当 $U_{n,k_1}(m) > U_{n,k_2}(m)$ 时,奖金越集中,对于高能力的参赛者越有吸引力;奖金越分散,对于低能力的参赛者越有吸引力①。根据定理 4-1 可得推论4-1。

推论 4-1 假设同时存在一个单奖金竞赛 $(k_1 = 1)$ 和一个多奖金竞赛$(k_2 = k, k > 1)$,如果能力为 c''的参赛者选择参加多奖金竞赛,那么所有 $c > c''$的参赛者一定选择多奖金竞赛;如果能力为 c''的参赛者选择参加单奖金竞赛,那么所有 $c < c''$的参赛者一定选择单奖金竞赛。

需要指出的是定理 4-1 描述的是参赛者面对两个相似竞赛(参赛者的人数都为 n,参赛者的能力分布函数都为 F)时的选择。然而,在实际情况中,当参赛者同时面临单奖金和多奖金竞赛时,会根据各自的偏好在两个竞赛中做出选择,从而分流到不同的竞赛。这种非随机的分流通常会使得不同竞赛中的参赛者人数和能力分布不同。并且不同竞赛中的参赛者人数和能力分布是由所有参赛者的选择决定的。

然而,由于参赛者人数和能力分布变化对于所有参赛者收益的影响是相同的,所以我们可以肯定,即使竞赛不相似,推论 4-1 还是成立的,参赛者分流的总体趋势仍然是能力高的人倾向于选择单奖金竞赛,能力低的人倾向于选择多奖金竞赛,只是此时能力高低的分界点和相似竞赛中的分界点不同。

假设存在一个分界点 c' 使得 n 位参赛者分流到不同竞赛,那么 c' 应该满足等式:

$$U_{n_1,1}(c') = U_{n_2,k}(c') \tag{4-2}$$

其中,

$$U_{n_1,1}(c') = \int_{c'}^{1} \left(1 - \frac{c'}{t}\right) dG_{(1,n_1-1)}(t) \tag{4-3}$$

① 当 $U_{n,k_1}(m) = U_{n,k_2}(m)$ 时,对于 $c = m$ 的竞赛者而言,奖金分散或集中无差异,而对于所有其他的参赛者而言,奖金分散优于奖金集中。

$$U_{n_2, k}(c') = \frac{1}{k}\int_{c'}^{1}\left(1-\frac{c'}{t}\right)dH_{(k, n_2-1)}(t) \tag{4-4}$$

$$n_1 = \lfloor nF(c') \rfloor \tag{4-5}$$

$$n_2 = \lfloor n(1-F(c')) \rfloor \tag{4-6}$$

$$G(t) = \begin{cases} \dfrac{F(t)}{F(c')}, & t \in [m, c'] \\ 1, & t \in (c', 1] \end{cases} \tag{4-7}$$

$$H(t) = \begin{cases} 0, & t \in [m, c'] \\ \dfrac{F(t)-F(c')}{1-F(c')}, & t \in (c', 1] \end{cases} \tag{4-8}$$

式(4-5)和(4-6)体现了不同竞赛所吸引到的参赛者人数不同①,式(4-7)和式(4-8)体现了不同竞赛所吸引到的参赛者能力分布不同。把式(4-7)代入式(4-3)可以发现,对于任意 c' 有 $U_{n_1, 1}(c') = 0$,把式(4-8)代入式(4-4)可以发现,对于任意 c' 有 $U_{n_2, k}(c') > 0$,因此,似乎并不存在分界点 c' 可以使得等式(4-2)成立。并且,由于 $U_{n_1, 1}(c) < U_{n_2, k}(c)$,所以参赛者会选择参加多奖金竞赛。但是,上述分析考虑的是 n_1, $n_2 \geqslant 2$ 的情况,而当 $n_1 = \lfloor nF(c') \rfloor < 2$ 时,单奖金竞赛中只有一位参赛者,不存在竞争。这位参赛者可以独得奖金,因此他会留在单奖金竞赛中。我们可以把满足 $nF(c') = 2$ 的 c' 看作是分界点:$c < c'$ 的参赛者会选择单奖金竞赛,$c \geqslant c'$ 的参赛者会选择多奖金竞赛。

定理 4-2 当 n 位参赛者同时面对一个单奖金竞赛和一个多奖金竞赛时,存在分界点 c' 使得 $c < c'$ 的参赛者选择单奖金竞赛,$c \geqslant c'$ 的参赛者选择多奖金竞赛。该分界点 c' 满足条件 $nF(c') = 2$。

定理 4-2 说明参赛者自动分流的结果是除了一位能力最高的参赛者会选择参加单奖金竞赛外,其余所有的参赛者都会选择参加多奖金竞赛。出现这样的分流结果是因为能力最低的参赛者在单奖金竞赛中绝无获胜的机会,所以肯定会选择多奖金竞赛。此时,如果能力次低的参赛者选择单奖金竞赛,那么他就成为单奖金竞赛中能力最低的参赛者。如果能力次低的参赛者是理性的,他就不会选择单奖金竞赛。依次类推,只有能力最高的参赛者应该选择单奖金竞赛。我们假设所有的参赛者都是理性的,并且所有参赛者都认为其他的参赛者是理性的,所以只有

① $\lfloor \rfloor$表示向下取整。

能力最高的参赛者会选择单奖金竞赛，其余的参赛者都会选择多奖金竞赛。

4.5.2 竞赛组织者的选择

两位竞赛组织者同时发布竞赛，他们共同面对能力分布为 $F(c)$ 的 n 位参赛者 $(n > 2)$。竞赛组织者将比较不同奖金分配策略带来的收益。如果两位组织者同时采用了单奖金竞赛策略，参赛者将从这两个竞赛中随机选择，每个竞赛的最终参赛人数为 $n/2$，根据 4.3.3 中求得的竞赛组织者收益，可得：

$$R_1 = R_2 = E\left[\frac{1}{C_{(2,\, n/2)}}\right]$$

与之相似，如果两位组织者都选择多奖金竞赛，那么组织者的收益为：

$$R_1 = R_2 = E\left[\frac{1}{C_{(k+1,\, n/2)}}\right]$$

如果组织者 1 选择单奖金竞赛，而组织者 2 选择多奖金竞赛，那么两位组织者各自的收益为：

$$R_1 = 0$$

$$R_2 = E\left[\frac{1}{C_{(k+1,\, n-1)}}\right]$$

这里 $R_1 = 0$ 是因为单竞赛中只有一位参赛者，参赛者可以不付出努力而稳得奖金，致使组织者的收益为零。由于 $E\left[\frac{1}{C_{(k,\, n)}}\right]$ 随着 k 的增加而变小[①]，所以 $k = 2$ 时组织者的收益最大，也就是说在多奖金竞赛中，组织者应该把奖金分为两份。我们在下面的分析中均假设多奖金竞赛的 $k = 2$。由上述分析可得竞赛组织者的收益矩阵：

	$k = 1$	$k = 2$
$k = 1$	$E\left[\frac{1}{C_{(2,\, n/2)}}\right], E\left[\frac{1}{C_{(2,\, n/2)}}\right]$	$0, E\left[\frac{1}{C_{(3,\, n-1)}}\right]$
$k = 2$	$E\left[\frac{1}{C_{(3,\, n-1)}}\right], 0$	$E\left[\frac{1}{C_{(3,\, n/2)}}\right], E\left[\frac{1}{C_{(3,\, n/2)}}\right]$

① 见文献[9]的定理 2。

由于 $E\left[\frac{1}{C_{(k,n)}}\right]$随着 k 的增加而变小，随着 n 的增加而变大①，所以 $E\left[\frac{1}{C_{(2,n/2)}}\right]>E\left[\frac{1}{C_{(3,n/2)}}\right]$，$E\left[\frac{1}{C_{(3,n/2)}}\right]<E\left[\frac{1}{C_{(3,n-1)}}\right]$。由此可得定理 4-3。

定理 4-3　两位组织者同时组织竞赛，共有 n 位参赛者。当 $E\left[\frac{1}{C_{(2,n/2)}}\right]\geqslant E\left[\frac{1}{C_{(3,n-1)}}\right]$时，竞赛组织者的最优策略是选择单奖金竞赛；当 $E\left[\frac{1}{C_{(2,n/2)}}\right]<E\left[\frac{1}{C_{(3,n-1)}}\right]$时，竞赛组织者陷入囚徒困境，其最优策略是选择多奖金竞赛。

由定理 4-3 可以知道竞赛组织者的策略由参赛者的人数和能力分布所决定的。如果知道确切的参赛者能力分布函数，可以求得参赛者人数阈值 n'，当 $n\leqslant n'$ 时采用单奖金策略，当 $n>n'$ 时则采用多奖金策略。

例如，如果参赛者的能力分布为 $F(c)=2c-1$（在[0.5，1]上均匀分布），可求出 $L_1=E\left[\frac{1}{C_{(2,n/2)}}\right]$和 $L_2=E\left[\frac{1}{C_{(3,n-1)}}\right]$，如图 4-1 中各点所示。容易发现，当 $n/2<4$ 即 $n<8$ 时，$L_1>L_2$，反之，$L_1<L_2$，因此 $n'=8$，即当 $n<8$ 时，竞赛组织者应该选择单奖金竞赛，当 $n\geqslant 8$ 时，竞赛组织者应该选择多奖金竞赛。

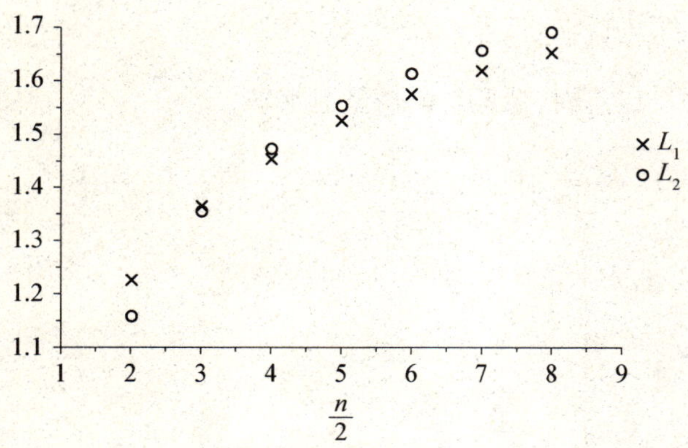

图 4-1　不同参赛者人数情况下的 L_1 和 L_2

另外，不难发现由于 $E\left[\frac{1}{C_{(k,n)}}\right]$随 n 的增加而变大，因此当 $n\rightarrow\infty$ 时，一定有

① 见文献[9]的定理 2。

$E\left[\frac{1}{C_{(2,\ n/2)}}\right] < E\left[\frac{1}{C_{(3,\ n-1)}}\right]$。据此可得推论 4-2。

推论 4-2 当 $n \to \infty$ 时，竞赛组织者的最优策略是选择多奖金竞赛。

这个结论对于众包竞赛有着特别的意义，因为众包竞赛的特点之一就是参赛者人数众多，所以对于众包竞赛的组织者而言，最优策略应该为设置多奖金竞赛。

附录

1. 最大化参赛者总努力水平时，参赛组织者的期望收益①(可参见 Moldovanu and Sela 2006 Proposition 2 的证明)

$$
\begin{aligned}
R_{n,\ k} &= n\int_m^1 b_{n,\ k}(c)dF(c) = \frac{n}{k}\int_m^1\int_c^1 \frac{1}{t}dF_{(k,\ n-1)}(t)dF(c) \\
&= \frac{n}{k}\left(F(c)\int_c^1 \frac{1}{t}dF_{(k,\ n-1)}(t)\bigg|_m^1 + \int_m^1 F(c)\frac{1}{c}dF_{(k,\ n-1)}(c)\right) \\
&= \int_m^1 \frac{1}{c}\,\frac{n}{k}F(c)dF_{(k,\ n-1)}(c) \\
&= E\left[\frac{1}{C_{(k+1,\ n)}}\right]
\end{aligned}
$$

2. 参赛者风险厌恶时，参赛者的总努力水平

$$
\begin{aligned}
R_{n,\ k}^{t} &= E(x) = n\int_m^1 x_{n,\ k}dF(c) = n\int_m^1 \frac{1}{V(k)}\int_c^1 \frac{1}{t}dF_{(k,\ n-1)}(t)dF(c) \\
&= \frac{n}{V(k)}\left(F(c)\int_c^1 \frac{1}{t}dF_{(k,\ n-1)}(t)\bigg|_m^1 + \int_m^1 \frac{1}{c}F(c)dF_{(k,\ n-1)}(c)\right) \\
&= \frac{k}{V(k)}\int_m^1 \frac{1}{c}\,\frac{n}{k}F(c)dF_{(k,\ n-1)}(c) \\
&= \frac{k}{V(k)}E\left[\frac{1}{C_{(k+1,\ n)}}\right]
\end{aligned}
$$

3. 定理 4-1 的证明

证明：(1) 当 $c = m$ 时，

---

① 该计算需用到顺序统计学知识 $dF_{(k,\ n)}(c) = \frac{n!}{(i-1)!(n-1)!}[F(c)]^{i-1}[1-F(c)]^{n-i}F'(c)dc$。

$$\begin{aligned}U_{n,k}(m) &= \int_m^1 b_{n,k}(c)dc = \int_m^1 \frac{1}{k}\int_c^1 \frac{1}{t}dF_{(k,n-1)}(t)dc \\ &= c\cdot\frac{1}{k}\int_c^1 \frac{1}{t}dF_{(k,n-1)}(t)\bigg|_m^1 + \frac{1}{k}\int_m^1 c\cdot\frac{1}{c}dF_{(k,n-1)}(c) \\ &= -\frac{m}{k}\int_m^1 \frac{1}{t}dF_{(k,n-1)}(t) + \frac{1}{k}\int_m^1 dF_{(k,n-1)}(c) \\ &= \frac{1}{k}\left(1 - mE\left[\frac{1}{C_{(k,n-1)}}\right]\right)\end{aligned}$$

由上式可得，当 $E\left[\frac{1}{C_{(k_1,n-1)}}\right] - E\left[\frac{1}{C_{(k_2,n-1)}}\right] > \frac{k_2-k_1}{k_1}\left(\frac{1}{m} - E\left[\frac{1}{C_{(k_1,n-1)}}\right]\right)$ 时 $U_{n,k_1}(m) < U_{n,k_2}(m)$，反之，$U_{n,k_1}(m) > U_{n,k_2}(m)$。

（2）首先讨论当 $U_{n,k_1}(m) < U_{n,k_2}(m)$ 时，$U_{n,k_1}(c)$ 和 $U_{n,k_2}(c)$ 的大小。由引理 4-1 可知，对于任意 $c \in (c^*, 1)$ 有：

$$U_{n,k_2}(c) - U_{n,k_1}(c) = \int_c^1 (b_{n,k_2} - b_{n,k_1})dt > 0$$

如果 $U_{n,k_1}(m) < U_{n,k_2}(m)$，那么对于任意 $c \in (m, c^*)$ 有：

$$\begin{aligned}U_{n,k_2}(c) - U_{n,k_1}(c) &= \int_c^1 (b_{n,k_2} - b_{n,k_1})dt \\ &= -\int_c^{c^*} (b_{n,k_1} - b_{n,k_2})dt + \int_{c^*}^1 (b_{n,k_2} - b_{n,k_1})dt \\ &> -\int_m^{c^*} (b_{n,k_1} - b_{n,k_2})dt + \int_{c^*}^1 (b_{n,k_2} - b_{n,k_1})dt > 0\end{aligned}$$

综上所述，当 $U_{n,k_1}(m) < U_{n,k_2}(m)$ 时，对于任意 $c \in [m, 1)$ 均有 $U_{n,k_1}(c) < U_{n,k_2}(c)$。

接着来讨论当 $U_{n,k_1}(m) > U_{n,k_2}(m)$ 时，$U_{n,k_1}(c)$ 和 $U_{n,k_2}(c)$ 的大小。$U_{n,k_1}(m) > U_{n,k_2}(m)$ 意味着 $\int_m^1 b_{n,k_1}dt > \int_m^1 b_{n,k_2}dt$，而由引理 4-1 可知，当 $c \in (c^*, 1)$ 时，有 $\int_c^1 b_{n,k_1}dt < \int_c^1 b_{n,k_2}dt$，又由于 $b_{n,k_1}(c)$ 和 $b_{n,k_2}(c)$ 是单相交的，因此必然存在唯一点 $c' \in (m, c^*)$ 使得当 $c = c'$ 时 $\int_c^1 b_{n,k_1}dt = \int_c^1 b_{n,k_2}dt$，即 $U_{n,k_1}(c) = U_{n,k_2}(c)$。易知当 $c \in (c', 1)$ 时，$U_{n,k_1}(c) < U_{n,k_2}(c)$；当 $c \in [m, c')$ 时，$U_{n,k_1}(c) > U_{n,k_2}(c)$。证毕。

第五章

知识产品在线竞赛中的反馈策略

5.1 引言

虽然现有的很多研究把竞赛看作是一种单阶段的静态博弈，在现实中竞赛往往是多阶段、动态的。竞赛组织者可以观察到每个阶段中所有参赛者的表现，而参赛者只知道自己的表现，既不清楚组织者对于其表现的评价，也不清楚其他参赛者的表现情况。竞赛组织者可以选择是否在竞赛过程中给予参赛者一些反馈信息，以及在什么时间以何种方式进行反馈。如果竞赛组织者选择提供反馈，我们就称此类竞赛为有反馈竞赛；如果竞赛组织者选择不提供反馈，我们就称此类竞赛为无反馈竞赛。

和上一章一样，为了方便，在本章中我们把知识产品在线竞赛称为“众包竞赛”。众包竞赛是一种在互联网上开展的新型竞赛，其主要目的是通过利用大众的智慧和时间来完成一些任务。以往的研究基本上都把众包竞赛看作是无反馈竞赛，然而在现实中，众包竞赛的组织者(需求方)往往会在众包竞赛过程和参赛者保持沟通，其中就包括对参赛者的表现给予反馈。很多众包竞赛市场会提供一些软件工具来帮助组织者及时给予反馈，比如 InnoCentive 为每个竞赛开辟项目空间(project room)供组织者和参赛者交流，Elance 则提供工作室(work room)以及专门的即时通信工具来加强双方的沟通。

Y. Yang et al. (2009)是最先意识到众包竞赛中存在反馈现象的研究者。他们指出，众包竞赛的特点之一就是竞赛组织者可以在竞赛的过程中向参赛者就其表现提供反馈，从而鼓励参赛者投入更多的努力，并且帮助参赛者提高其努力的效率。他们还专门在一个众包竞赛市场上组织了一次众包竞赛，来考察组织者给予的反馈对于参赛者行为的影响。他们在市场上发布了一个设计网站标志的任务，在为期 15 天的竞赛过程中，共吸引了 46 位用户参赛，最终获得了 43 份完整的作品。在竞赛刚开始时，每位参赛者都提交了一份作品。研究人员向其中的 38 位参赛者提供了反馈意见，随后收到了 43 份修改作品，反馈的回复率达到 100%，平均每个反馈意见带来 1.13 个修改作品。而最终获胜者共获得 4 次反馈意见，对作品进行了 5 次修改。Y. Yang et al. 认为与无反馈的情况相比，组织者给予参赛者反馈可以明显增加参赛者为完成任务所付出的努力。

Y. Yang et al.(2009)进一步指出参赛者在收到反馈后愿意再追加努力修改作品的行为可以用期望收益折扣理论(Ainslie 1992, Kagel et al. 1995, Green & Myerson 1993,2004, etc.)来解释。由于要和其他参赛者竞争奖金，所以参赛者的期望收益是用奖励金额乘以其可能获奖的概率。当获得组织者的反馈后，参赛者会把组织者愿意提供反馈理解为组织者对其作品比较青睐，从而提高对作品获奖概率的预估，其期望收益也就随之提高。只要期望收益能够补偿他的总努力成本，参赛者就会愿意追加努力，因为如果他不追加努力则很有可能无法获奖，那么他之前付出的努力将无法获得补偿。

Y. Yang et al.(2009)的上述解释是容易理解的，但是值得注意的是，他们的研究存在一个前提，那就是参赛者事先并不知道组织者会在竞赛过程中给予反馈。换句话说，在竞赛开始前，组织者并没有声明这是一个有反馈的竞赛。在这种情况下，参赛者的行为不具有整体策略性，因此会损失一部分的收益，而组织者则会获得额外的收益。反之，如果组织者事先声明在竞赛中会给予反馈，那么参赛者将采取具有整体优化性质的策略行为，此时组织者是否还能获得额外的收益就不得而知。即使组织者没有预先声明，但是如果参赛者在一开始就预估到组织者会在竞赛中给予反馈，那么他们采取的策略将等同于在事先声明的有反馈竞赛中采取的策略。

由于在绝大多数众包竞赛市场中，市场运营方对于竞赛组织者的反馈策略没有明确规定，组织者可以自由选择任意策略，所以，无反馈竞赛、事先声明的有反馈竞赛、事先隐瞒的有反馈竞赛都有可能存在。虽然已有不少关于竞赛组织者反馈策略的研究，但是几乎所有的研究都针对无反馈策略和事先声明的有反馈策略，事先隐瞒的有反馈策略从未受到重视。在一个供需双方相对固定的市场，事先隐瞒的有反馈策略不太可能重复发生。组织者采用一两次这种策略后，参赛者很快就能吸取教训，以后无论组织者是否事先声明，参赛者都会采用有反馈竞赛策略来应对。然而，众包竞赛的情况有所不同，众包竞赛的市场中存在着大量的组织者和参赛者，并且不断有新的无经验的用户加入进来，这使得事先隐瞒的有反馈策略可以一直存在，成为组织者可选的策略之一。

本章将对众包竞赛中竞赛组织者的这三种反馈策略进行分析，比较这三种策略导致的组织者和参赛者的收益，说明这三种策略各自的适用条件，为竞赛组织者在不同情况下选择不同的反馈策略提供理论依据。

5.2 相关研究

关于竞赛中组织者的信息反馈策略已有不少研究，但是大部分的研究都假设参赛者是同质的，也就是说参赛者的能力是相同的，他们的表现由于受到随机因素的影响而呈现出不同的结果。Lizzeri et al.（2002）和 Aoyagi(2010)比较了当参赛者同质时，两种不同的反馈策略“完全反馈策略”(full-feedback strategy)和“无反馈策略”(no-feedback strategy)的优劣。所谓“完全反馈策略”就是指无论参赛者的表现情况如何，竞赛组织者都将给予反馈，而“无反馈策略”就是指无论什么情况，竞赛组织者都不会给予反馈。这里的反馈信息主要是指参赛者的相对表现情况，比如在所有参赛者中排名第几，和别人有多少差距，等等。Lizzeri et al.（2002）和 Aoyagi(2010)的研究结果均显示，选择何种反馈策略取决于参赛者成本函数的形式，具体来说，如果参赛者的边际成本是凹的，那么完全反馈策略最优；如果参赛者的边际成本是凸的，那么无反馈策略最优。

Goltsman & Mukherjee(2006)的研究同样假设了参赛者同质，但是包括了更为丰富的反馈策略。竞赛组织者可以根据参赛者不同的表现情况来决定是否提供反馈，例如，在参赛者均表现良好的情况下提供反馈，或者在部分参赛者表现良好、部分参赛者表现不佳的情况下提供反馈，等等。他们的研究结果显示，在参赛者均表现不佳的情况下提供反馈是竞赛组织者的最优策略。

Gershkov & Perry(2009)则研究了在参赛者同质的有反馈竞赛中，竞赛组织者应该如何设置每阶段评分的比重。每一阶段竞赛结束后，组织者将比较所有参赛者的表现并把比较后的评分情况反馈给参赛者，每一阶段的评分都会对最终的评分产生影响，而不同阶段的评分可以有不同的影响系数。竞赛组织者的最优策略是把最后阶段评分的影响系数设置为最大，并且参赛者在第一阶段的努力对于最终产出的影响越大，最后阶段评分的影响系数就应该设置得越大。

与以上研究不同，Ederer(2009)研究了当参赛者异质时完全反馈策略和无反馈策略的优劣。这里的异质参赛者是指参赛者具有不同的能力。Ederer 证明，如果参赛者的产出由其能力参数和其投入相加而得，即能力参数对于其边际投入的价值没有影响，那么完全反馈策略和无反馈策略无差异；如果参赛者的产出由其能力参数和其投入相乘而得，即能力参数对于其边际投入的价值有直接影响，那么，当参赛者的成本函数为二次函数，影响产出的随机因素满足标准分布条件时，完全反馈策略优于无反馈策略。

我们的研究和 Ederer(2009)的研究相同，假设参赛者为异质，并且参赛者的产出由其能力参数和其投入相乘而得。但不同的是，在我们的研究中参赛者的产出不受随机因素的影响，因此我们的研究可看作是 Ederer(2009)的补充。另外，几乎上述所有研究都假设竞赛组织者在竞赛开始前就声明了自己的反馈策略，并且在竞赛中严格执行该策略。Aoyagi(2010)虽然提到组织者在某些情况下很有可能偏离预先声明的反馈策略，但是并没有对此做进一步的分析。然而正如我们在第一节中所提到的，在很多众包竞赛中，组织者并不一定事先声明自己的反馈策略。因此，我们除了讨论众包竞赛中完全反馈策略和无反馈策略的优劣外，还引入了事先隐瞒的反馈策略加以讨论。

在我们的研究中，组织者给谁反馈以及反馈什么信息与以往的研究也有所不同。在以往的研究中，参赛者人数不多，最常见的是两人竞赛。组织者会对所有的参赛者给予反馈，反馈的内容主要是参赛者的相对表现情况。而在众包竞赛中，参赛的人数很多，组织者不太可能对所有的参赛者都给予反馈，而是会选择较有可能获胜的参赛者给予反馈，以激励其做进一步的努力。另外，为了避免让参赛者了解到对手的成本信息，组织者一般直接对于作品给出评价，而不会反馈作品之间的比较信息。例如，在商标设计类的任务中，组织者会对于有较大获胜可能的作品进行反馈，就作品提出一些修改意见，而不会把两幅作品加以比较，分析其优劣。而对于参赛者来说，组织者的反馈带给他们最重要的信息是如果他们继续努力将有希望赢得竞赛。

鉴于以上这些特点，我们可以把有反馈的竞赛看作是一个初赛—复赛的两阶段竞赛。在初赛结束时组织者选择若干参赛者给予反馈，收到反馈的参赛者相当于进入复赛，没收到反馈的参赛者则被淘汰出局。这与传统的“淘汰赛”模式(Rosen 1986, Gradstein & Konrad 1999, Moldovanu & Sela 2006)很相似，所以我们的研究借用了淘汰赛模型(Moldovanu & Sela, 2006)作为分析的基础。我们的反馈竞赛模型和 Moldovanu & Sela(2006)的淘汰赛模型的区别在于：后者中的参赛者在初赛阶段被分为若干小组，然后各小组的优胜者进入复赛；而我们模型中的参赛者在初赛阶段并不分组，所有参赛者中表现最好的几位参赛者将获得反馈进入复赛。相比之下，我们的模型更符合众包竞赛的实际情况。

5.3 无反馈竞赛模型

首先,我们来讨论无反馈竞赛模型。根据我们上述对于反馈活动的定义,组织者给予反馈就相当于把竞赛分为了初赛和复赛两部分,而无反馈竞赛就相当于一个单阶段的单奖金竞赛。假设有一个奖金额为 M 的众包竞赛,共有 n 个人参赛,参赛者 i 付出努力 x_i,产生成本 $c_i x_i$,其中 $c_i > 0$ 是参赛者的能力参数,反映了参赛者的能力类型,较低的 c_i 意味着参赛者 i 有较高的能力。$c_i \in [m, 1]$,并且服从分布函数 F, F 具有连续的概率密度 $f > 0$。为了避免由零成本而导致的无穷努力情况,我们假设 m 严格为正。c_i 是参赛者的私人信息,F 和 f 是公共信息。努力水平最高的参赛者赢得奖金。参赛者的问题是选择合适的努力水平以最大化自己的效用,即:

$$\max_{x_i} M \cdot p_i(x_i > x_j, i \neq j) - c_i x_i$$

其中,p_i 表示参赛者 i 获得奖金的概率。我们在上一章中已经求得在单阶段竞赛中参赛者的努力水平为 $x \equiv b(c) = M \cdot \int_c^1 \frac{1}{t} dF_{(k, n-1)}(t)$ ①,参赛者收益为 $U_{n, k}(c) = \int_c^1 b_{n, k}(s) ds$,其中 k 表示奖金的份数。因为我们假设无反馈竞赛是单阶段单奖金竞赛,所以由上述结论易得,在无反馈竞赛中,参赛者的努力水平为 $x \equiv b(c) = M \cdot \int_c^1 \frac{1}{t} dF_{(1, n-1)}(t)$, 参赛者的收益为 $U_{nofd}(c) = \int_c^1 b(s) ds$,其中,下标 $nofd$ 表示没有反馈。如果竞赛组织者的收益等于所有参赛者的努力总和,那么竞赛组织者的收益为 $R_{nofd}^T = n\int_m^1 b(c) dF(c)$;如果竞赛组织者的收益为参赛者的最高努力,那么竞赛组织者的收益为 $R_{nofd}^H = \int_m^1 b(c) dF_{(1, n)}(c)$。

5.4 事先声明的有反馈竞赛模型

我们接着来考虑事先声明的有反馈竞赛模型。事先声明的有反馈竞赛相当于一个两阶段的“淘汰赛”。首先,组织者声明这是一个有反馈的竞赛,最终的优

① $F_{(1, n-1)}$ 是随机变量 $C_{(1, n-1)}$ 的分布函数,$C_{(1, n-1)}$ 表示在随机选取的 $n-1$ 个能力参数中最小的能力参数值。

胜者将获得奖金 M。在参赛者首次提交了任务成果后，第一阶段竞赛完成。竞赛组织者会对表现靠前的 k 位参赛者给予反馈。参赛者收到反馈就意味着进入了第二阶段竞赛。然后，由第二阶段中表现最好的参赛者赢得奖金。我们假设在该模型中参赛者的生产函数、人数和能力分布条件与无反馈竞赛模型中的条件一样。

5.4.1　参赛者的努力水平和预期收益

由于组织者事先声明，所以参赛者在竞赛开始前就知道组织者会给予反馈，他将以博弈论中的倒推法来决定自己的努力水平。首先，第二阶段竞赛是从组织者给予反馈的 k 位（$k < n$）参赛者中选出一位优胜者的竞赛，优胜者获得全额奖金 M。由于第二阶段中的 k 位参赛者是从 n 位参赛者中优选而来的，假设这 k 位参赛者的能力分布函数为 G，则 $G = \frac{1}{k}\sum_{i=1}^{k} F_{(i,\,n)}$。把第二阶段竞赛看作一个单阶段单奖金竞赛，参照单阶段单奖金竞赛中参赛者的努力水平，可得参赛者在第二阶段的努力水平 $b_2(c)$ 为：

$$b_2(c) = M\int_c^1 \frac{1}{t} dG_{(1,\,k-1)}(t)$$

参赛者在第一阶段的奖励等同于他在第二阶段可获得的预期收益，即：

$$U_2(c) = \int_c^1 b_2(t)dt$$

可以注意到，$U_2(c)$ 是 c 的递减函数，也就是说 c 越小（能力越大）的参赛者在竞赛第二阶段可获得的收益越大。第一阶段的竞赛是一个从 n 位参赛者中选拔出 k 位优胜者的竞赛，并且每位参赛者可能获得的奖金等于参赛者在第二阶段的预期收益。把第一阶段的竞赛看作是一个单阶段多奖金的竞赛，那么由上一章中获得的结论可知第一阶段的努力水平 $b_1(c)$ 为①：

$$b_1(c) = U_2(c)\int_c^1 \frac{1}{t} dF_{(k,\,n-1)}(t)$$

由此可得参赛者的最终预期收益为：

---

① 因为 $U_2(c)$ 是 c 的递减函数，所以该等式才成立。

$$U_{known}(c)=\int_{c}^{1}b_1(s)ds=\int_{c}^{1}U_2(s)\int_{s}^{1}\frac{1}{t}dF_{(k,\,n-1)}(t)ds$$

其中,下标 *known* 表示参赛者事先知道这是一个有反馈竞赛。

5.4.2 竞赛组织者的收益

1）收益为努力总和

如果竞赛组织者的收益为所有参赛者在整个竞赛过程中的努力总和,那么组织者的收益可表示为:

$$R_{known}^{T}=n\int_{m}^{1}b_1(c)dF(c)+k\int_{m}^{1}b_2(c)dG(c)$$

因为 $U_2(c)$ 是 c 的递减函数,易知 $b_1(c)$ 也是 c 的递减函数,这就意味着前 k 位能力高的竞赛者会进入复赛。又因为 $b_2(c)$ 也是 c 的递减函数,因此能力最高的参赛者会成为最终的优胜者,这与无反馈竞赛的结果一致,根据收益等价定理①,竞赛组织者在事先声明反馈竞赛中的收益应该等于其在无反馈竞赛中的收益,即:

$$R_{known}^{T}=R_{nofd}=n\int_{m}^{1}M\int_{c}^{1}\frac{1}{t}dF_{(1,\,n-1)}(t)dF(c)$$

2）收益为最高努力

如果竞赛组织者的收益为所有参赛者中的最高努力水平,也就是获胜者的总努力水平,那么组织者的收益可表示为:

$$\begin{aligned}R_{known}^{H}&=\int_{m}^{1}(b_1(c)+b_2(c))dF_{(1,\,n)}(c)\\&=\int_{m}^{1}\Big[U_2(c)\int_{c}^{1}\frac{1}{t}dF_{(k,\,n-1)}(t)+M\int_{c}^{1}\frac{1}{t}dG_{(1,\,k-1)}(t)\Big]dF_{(1,\,n)}(c)\\&=\int_{m}^{1}U_2(c)\int_{c}^{1}\frac{1}{t}dF_{(k,\,n-1)}(t)dF_{(1,\,n)}(c)+\int_{m}^{1}M\int_{c}^{1}\frac{1}{t}dG_{(1,\,k-1)}(t)dF_{(1,\,n)}(c)\end{aligned}$$

由上一节的分析我们知道 $R_{nofd}^{H}=\int_{m}^{1}b(c)dF_{(1,\,n)}(c)=M\int_{m}^{1}\int_{c}^{1}\frac{1}{t}dF_{(1,\,n-1)}(t)dF_{(1,\,n)}(c)$。$R_{known}^{H}$ 由两个组成项相加而得,比较 R_{known}^{H} 的第二项和 R_{nofd}^{H},

① 收益等价定理的具体描述可参见 Riley and Samuelson(1981)。

由于 $G_{(1,k-1)}(t) > F_{(1,n-1)}(t)$，可得 $M\int_m^1\int_c^1 \frac{1}{t} dG_{(1,n-1)}(t)dF_{(1,n)}(c) > M\int_m^1\int_c^1 \frac{1}{t} dF_{(1,n-1)}(t)dF_{(1,n)}(c)$（详细推导过程见附录），而 R^H_{known} 的第一项显然大于 0，所以 $R^H_{known} > R^H_{nofd}$。

5.5 事先隐瞒的有反馈竞赛模型

我们接着来研究事先隐瞒的有反馈竞赛。虽然有反馈竞赛相当于一个两阶段的"淘汰赛"模型，但是如果竞赛组织者事先隐瞒会给予反馈，那么在竞赛的第一阶段，参赛者就很有可能把竞赛看作是一个单阶段单奖金的竞赛，并据此做出相应的努力，直到组织者在竞赛过程中给出反馈，参赛者才会意识到这是一个有反馈竞赛，但此时在第一阶段付出的努力已经无法撤销，只能在此基础上继续追加努力。

5.5.1 参赛者的努力水平和收益

如果竞赛组织者事先隐瞒，那么参赛者在竞赛开始时并不知道在竞赛中组织者会给出反馈，在竞赛的第一阶段，参赛者以为这是一个单阶段竞赛，因此会给出相应的努力水平 $b_1(c)$：

$$b_1(c) = M\int_c^1 \frac{1}{t} dF_{(1,n-1)}(t)$$

而此时组织者选出 k 位努力水平靠前的参赛者给予反馈，那么就相当于开始了一个新的竞赛，在该竞赛中每位参赛者的奖励为第一阶段竞赛的预期收益 $U_1(c) = \int_c^1 b_1(t)dt$，而参赛者的能力类型分布函数则为 G。$U_1(c)$ 是 c 的减函数，因此参赛者在第二阶段的努力水平 $b_2(c)$ 可表示为：

$$b_2(c) = U_1(c)\int_c^1 \frac{1}{t} dG_{(1,k-1)}(t)$$

进一步可得参赛者的预期收益为：

$$U_{unknown}(c) = \int_c^1 b_2(s)ds = \int_c^1 U_1(s)\int_s^1 \frac{1}{t} dG_{(1,k-1)}(t)ds$$

其中，下标 *unknown* 表示参赛者事先不知道这是一个有反馈的竞赛。

5.5.2 组织者的收益

1）收益为努力总和

$U_1(c)$是 c 的递减函数，因此 $b_2(c)$也是 c 的递减函数。也就是说，在该模型中也依然是由能力最高的参赛者获得竞赛。但是不同的是，由于竞赛组织者在开始时隐瞒了第二阶段竞赛的存在，因此参赛者在第一阶段的努力不具备整体策略性。此时，组织者的收益可具体表示为：

$$R_{unknown}^{T}=n\int_{m}^{1}b_1(t)dF(t)+k\int_{m}^{1}b_2(t)dG(t)$$

等式右边的第一部分等于 R_{nofd} 和 R_{known}^{T}，而第二部分显然大于零，所以 $R_{unknown}^{T}>R_{known}^{T}$。

2）收益为最高努力

如果竞赛组织者的收益为所有参赛者中的最高努力水平，也就是获胜者的总努力水平，那么组织者的收益可表示为：

$$\begin{aligned}R_{unknown}^{H}&=\int_{m}^{1}[b_1(c)+b_2(c)]dF_{(1,n)}(c)\\&=\int_{m}^{1}\left[M\int_{c}^{1}\frac{1}{t}dF_{(1,n-1)}(t)+U_1(c)\int_{c}^{1}\frac{1}{t}dG_{(1,k-1)}(t)\right]dF_{(1,n)}(c)\\&=\int_{m}^{1}M\int_{c}^{1}\frac{1}{t}dF_{(1,n-1)}(t)dF_{(1,n)}(c)+\int_{m}^{1}U_1(c)\int_{c}^{1}\frac{1}{t}dG_{(1,k-1)}(t)dF_{(1,n)}(c)\end{aligned}$$

容易发现 $R_{unknown}^{H}$ 中的第一组成项等于 R_{nofd}^{H}，所以 $R_{unknown}^{H}>R_{nofd}^{H}$。我们接着再来比较 $R_{unknown}^{H}$ 和 R_{known}^{H}，可以发现 $R_{unknown}^{H}$ 的第一项大于 R_{known}^{H} 的第一项，而 $R_{unknown}^{H}$ 的第二项却小于 R_{known}^{H} 的第二项。$R_{unknown}^{H}$ 既可能大于 R_{known}^{H} 也可能小于 R_{known}^{H}，关键取决于 $F(c)$的形式和 n、k 的取值。

5.6 竞赛组织者的策略选择

我们将在三种策略选择情况下参赛者的收益和组织者的收益（分总努力水平和最高努力水平两种情况）总结在表 5－1 中（其中“?”表示两者之间的大小关系不确定）。

表 5-1 不同反馈策略下参赛者和组织者的收益

	无反馈		事先声明反馈		事先隐瞒反馈
参赛者收益	$M\int_c^1\int_s^1 \frac{1}{t}dF_{(1,n-1)}(t)ds$	>	$\int_c^1 U_2(s)\int_s^1 \frac{1}{t}dF_{(k,n-1)}(t)ds$	?	$\int_c^1 U_1(s)\int_s^1 \frac{1}{t}dG_{(1,k-1)}(t)ds$
总努力水平	$n\int_m^1 M\int_c^1 \frac{1}{t}dF_{(1,n-1)}(t)dF(c)$	=	$n\int_m^1 M\int_c^1 \frac{1}{t}dF_{(1,n-1)}(t)dF(c)$	<	$n\int_m^1 b_1(t)dF(t)+$ $k\int_m^1 b_2(t)dG(t)$
最高努力水平	$\int_m^1 M\int_c^1 \frac{1}{t}dF_{(1,n-1)}(t)$ $dF_{(1,n)}(c)$	<	$\int_m^1 U_2(c)\int_c^1 \frac{1}{t}dF_{(k,n-1)}(t)$ $dF_{(1,n)}(c)+$ $\int_m^1 M\int_c^1 \frac{1}{t}dG_{(1,k-1)}(t)$ $dF_{(1,n)}(c)$	?	$\int_m^1 M\int_c^1 \frac{1}{t}dF_{(1,n-1)}(t)$ $dF_{(1,n)}(c)+$ $\int_m^1 U_1(c)\int_c^1 \frac{1}{t}dG_{(1,k-1)}(t)$ $dF_{(1,n)}(c)$

5.6.1 收益为总努力水平

根据之前的分析可知，当竞赛组织者的收益为总努力水平时，竞赛组织者采用无反馈策略和事先声明反馈策略所获得的收益相等，而事先隐瞒反馈策略优于上述两种策略。但是，值得注意的是，如果市场上都是有经验的参赛者，或者组织者和参赛者之间有重复交易关系，那么事先隐瞒反馈策略就不太容易见效。而当组织者出于某种原因（比如为了保持良好的声誉）不能选择事先隐瞒反馈策略时，那么选择无反馈策略和选择事先声明的有反馈策略无差异。

对事先隐瞒反馈策略做深入分析后可以发现，如果竞赛组织者事先隐瞒了自己的反馈策略，那么参赛者在得到反馈后将面对一个囚徒困境：如果他们都不再追加努力，那么他们各自可获得的收益最大。但是，如果他们中间有一个人追加了努力，其他人都不变，那么这个人的收益变大，而其他人的收益变小。因此都不追加努力不是一个均衡解，相反大家都会追加努力。当然在某些特殊的情况下，参赛者之间可能达成某种默契，均不追加努力。但是在众包竞赛的环境下，参赛者的来源很广，彼此之间不相识且难以沟通，达成默契的可能性非常小，所以组织者采用事先隐瞒策略通常可以获得较大收益。

另一个值得注意的问题是反馈通常具有成本，比如在第一阶段竞赛结束后，组织者要对所有参赛者的表现进行评估，然后才能选出表现靠前的若干位参赛者给予反馈，这就会产生评估成本，并且参赛者人数越多，评估成本越大。另外，撰写反馈意见，和参赛者就反馈意见进行沟通，都可能产生成本。无论是事先声明还是事先隐瞒的有反馈竞赛，它们的反馈成本是相同的，而无反馈竞赛则不存在反馈成本，因此当反馈成本高于 $R_{unknown}^{T}-R_{nofd}^{T}$ 时，无反馈将成为最优策略。

5.6.2 收益为最高努力水平

当竞赛组织者的收益由所有参赛者中的最高努力水平，也就是获胜者的努力水平决定时，那么组织者的反馈策略选择将和上述总努力水平下的策略选择有所不同。在前两节的分析中，我们已经指出 $R_{nofd}^{H}<R_{known}^{H}$ 且 $R_{nofd}^{H}<R_{unknown}^{H}$，也就是说无论是事先声明反馈还是事先隐瞒反馈都比无反馈策略好。而 R_{known}^{H} 和 $R_{unknown}^{H}$ 孰优孰劣则由参赛者的人数及能力分布和收到反馈的人数所决定。如果由于某些原因组织者无法选择事先隐瞒的策略时，竞赛组织者应该选择事先声明的有反馈策略。如果反馈成本高于 $Max\{R_{known}^{H},R_{unknown}^{H}\}-R_{nofd}^{H}$ 时，无反馈将成为最优策略。

5.6.3 算例

下面将以两个算例来更清楚地说明上述问题。首先，给出竞赛组织者的收益为所有竞赛者努力总和的算例。

假设存在 $n=6$ 位参赛者，其能力参数分布为 $F(c)=2c-1$(在[0.5，1]上均匀分布)。奖金总额为1。竞赛组织者将对 $k=2$ 位表现最好的参赛者给予反馈。通过计算可知，如果组织者在竞赛中不提供反馈，那么其收益为 $R_{nofd}^{T}=1.58$；如果组织者事先声明在竞赛过程中会给予反馈，那么其第一阶段收益为 $R_1=0.19$，第二阶段收益为 $R_2=1.40$，总收益为 $R_{known}^{T}=1.59$；反之，如果组织者事先隐瞒在竞赛过程中会给予反馈，那么其第一阶段收益为 $R_1=1.58$，第二阶段收益为 $R_2=0.11$，总收益为 $R_{unknown}^{T}=1.69$。显然，$R_{unknown}^{T}>R_{nofd}^{T}$ 且 $R_{unknown}^{T}>R_{known}^{T}$，即事先隐瞒优于事先声明和无反馈策略。$R_{known}^{T}\doteq R_{nofd}^{T}$，两者仅相差0.01，该误差可能由计算时的近似取值引起。另外，由 $R_{unknown}^{T}$ 和 R_{nofd}^{T} 的值可知，如果反馈成本大于0.9，则组织者应选择无反馈策略。

接着，我们给出竞赛组织者的收益为所有竞赛者中最高努力的算例。仍然假设存在 $n=6$ 位参赛者，其能力参数分布为 $F(c)=2c-1$(在[0.5，1]上均匀分布)，奖金总额为1。竞赛组织者将对 $k=2$ 位表现最好的参赛者给予反馈。通过计算可知，如果组织者在竞赛中不提供反馈，那么其收益为 $R_{nofd}^{H}=0.89$；如果组织者事先声明在竞赛过程中会给予反馈，那么其收益 $R_{known}^{H}=1.13$；反之，如果组织者事先隐瞒在竞赛过程中会给予反馈，那么其收益为 $R^H_{unknown} = 0.97$。所以在该竞赛条件下，组织者事先声明的反馈策略是最优策略。当然，如果反馈成本大于 $R^H_{known} - R^H_{nofd} = 0.24$，组织者应选择无反馈策略。

5.7 小结

竞赛组织者在竞赛的过程中可以就参赛者的表现给予反馈以激励参赛者更加努力，但是并不是所有情况下给予反馈都是最优策略，有时不给予反馈反而可以带给竞赛组织者更多的收益。已有不少研究对竞赛中的反馈和无反馈策略进行了比较，给出了不同策略占优的条件。然而，在这些研究中均存在一个前提：组织者在竞赛开始时就公布了自己的反馈策略，并且在竞赛过程中严格执行该策略。而在现实中，如果对组织者的行为没有约束，组织者就有可能不预先公布自己的反馈策略，或者预先公布一个虚假的策略，以牟取更大的收益。

在网络市场中，约束组织者投机行为最常见的措施包括重复交易、声誉机制等。然而在众包竞赛市场中，很多交易是单次的、非重复的，并且由于并不要求实名注册，所以声誉机制也不尽完善，竞赛组织者就有可能采取一些投机行为来获利，其中最常见的策略之一就是事先隐瞒的反馈策略。因此，我们把事先隐瞒的反馈策略也纳入了我们的研究范畴。

为了更好地理解众包竞赛中组织者的反馈策略选择问题，我们对无反馈、事先声明的反馈策略和事先隐瞒的反馈策略分别加以分析，然后再加以比较，得到了以下结论：组织者的策略选择和其收益类型有关。当组织者的收益由参赛者总努力水平决定时，无反馈策略和事先声明的有反馈策略为组织者带来相同收益，而事先隐瞒的有反馈策略带来的收益最大；当组织者的收益由参赛者中的最高努力水平决定时，无反馈策略带来的收益最小，事先声明和事先隐瞒的有反馈策略都有可能占优，最优策略由参赛者人数、能力分布以及反馈人数所决定；当反馈成本过大时，选择无反馈策略最优。

附录

在事先声明的有反馈竞赛中，$R^H_{known} > R^H_{nofd}$。

【证明】 已知 $R^H_{known} = \int_m^1 U_2(c)\int_c^1 \frac{1}{t} dF_{(k,\ n-1)}(t)\, dF_{(1,\ n)}(c) + \int_m^1 M\int_c^1 \frac{1}{t}$

$dG_{(1,k-1)}(t)dF_{(1,n)}(c)$，$R^H_{nofd}=M\int_m^1\int_c^1\frac{1}{t}dF_{(1,n-1)}(t)dF_{(1,n)}(c)$，若 $M\int_m^1\int_c^1\frac{1}{t}dG_{(1,k-1)}(t)dF_{(1,n)}(c)>M\int_m^1\int_c^1\frac{1}{t}dF_{(1,n-1)}(t)dF_{(1,n)}(c)$ 则 $R^H_{known}>R^H_{nofd}$。

又因为有：

$$\int_m^1\int_c^1\frac{1}{t}dG_{(1,k-1)}(t)dF_{(1,n)}(c)=F_{(1,n)}(c)\cdot\int_c^1\frac{1}{t}dG_{(1,k-1)}(t)\Big|_m^1+\int_m^1F_{(1,n)}(c)\frac{1}{c}dG_{(1,k-1)}(c)$$
$$=\int_m^1F_{(1,n)}(c)\frac{1}{c}dG_{(1,k-1)}(c)$$

类似地，$\int_m^1\int_c^1\frac{1}{t}dF_{(1,n-1)}(t)dF_{(1,n)}(c)=\int_m^1F_{(1,n)}(c)\frac{1}{c}dF_{(1,n-1)}(c)$

所以，若 $\int_m^1F_{(1,n)}(c)\frac{1}{c}dG_{(1,k-1)}(c)>\int_m^1F_{(1,n)}(c)\frac{1}{c}dF_{(1,n-1)}(c)$，则 $R^H_{known}>R^H_{nofd}$。

因为 G 是从 n 位参赛者中优选出来的 k 位能力较高的参赛者的能力分布函数，所以 $G_{(1,k-1)}(c)>F_{(1,n-1)}(c)$，进一步可得 $\int_m^1dG_{(1,k-1)}(c)<\int_m^1dF_{(1,n-1)}(c)$。根据随机函数的性质，如果 $F_{(1,n)}(c)\frac{1}{c}$ 是减函数，则有 $\int_m^1F_{(1,n)}(c)\frac{1}{c}dG_{(1,k-1)}(c)>\int_m^1F_{(1,n)}(c)\frac{1}{c}dF_{(1,n-1)}(c)$。

对 $F_{(1,n)}(c)\frac{1}{c}$ 求导得 $dF_{(1,n)}(c)\frac{1}{c}/dc=\frac{1}{c}\left[f_{(1,n)}(c)-\frac{1}{c}F_{(1,n)}(c)\right]$，其中 $F_{(1,n)}(c)>f_{(1,n)}(c)$，$m<c<1$，所以可知 $dF_{(1,n)}(c)\frac{1}{c}/dc<0$，即 $F_{(1,n)}(c)\frac{1}{c}$ 是减函数。

由于 $F_{(1,n)}(c)\frac{1}{c}$ 是减函数，所以 $\int_m^1F_{(1,n)}(c)\frac{1}{c}dG_{(1,k-1)}(c)>\int_m^1F_{(1,n)}(c)\cdot\frac{1}{c}dF_{(1,n-1)}(c)$，进一步可得 $R^H_{known}>R^H_{nofd}$。证毕。

第六章

具有可变竞标成本的知识产品在线招标机制

6.1 引言

正如我们在第二章中所说的，招标是知识产品在线定制的主要交易机制之一。招标可分为两种：一种是完全由价格来决定中标者；另一种是由包括价格在内的多个属性决定中标者。在不少市场中，前者被称为 RFQ(Request for Quote)，后者被称为 RFP(Request for Proposal)。在学术界，前者通常对应于单属性拍卖，后者则对应于多属性拍卖(Multi-attribute Auction)。在 RFQ 的竞标过程中，竞标者根据招标方给定的产品需求给出一个报价，报价最低者胜出；而在 RFP 的竞标过程中，竞标者则需提交一份标书，在标书中既包含报价也包含竞标者对于其他一些非价格属性的安排，招标者比较所有竞标者的标书来决定胜出者。知识产品在线定制既可以以 RFQ 的方式进行，也可以以 RFP 的方式进行。如果招标者有比较确定的需求，比如翻译一篇文章，或者对竞标者比较了解，那么可以采用 RFQ 的方式进行招标；不然，则可以考虑用 RFP 的方式招标。由于 RFQ 的过程较为简单，相关的研究较为完备，因此我们将研究的重点放在 RFP 上。在本章及下一章的研究中，我们都把知识产品在线招标看作是一种 RFP，属于多属性拍卖的范畴。

RFP 要求竞标者准备标书，标书的内容不仅包括报价，还包括竞标者对于其他非价格属性的安排，比如交货时间、产品质量、售后服务，等等。招标中所需考虑的非价格因素越多、越复杂，准备标书所需花费的时间和精力就越大，换句话说竞标者的竞标成本越大。就知识产品在线定制而言，除了价格因素外，招标者考虑最多的是质量因素，因此竞标者需要在标书中表明其所能交付的产品质量。通常有两种方法：一是提供样品或者已部分完成的产品来直接表明质量；二是提供竞标者的能力和资质证明来间接表明质量。无论采用何种方法，都会给竞标者带来成本，所以知识产品在线招标是一种具有竞标成本的多属性拍卖。特别值得注意的是，竞标成本还可能与竞标者提供的产品质量相关。为了表明自己提供的产品质量好，竞标者需要提供制作精良的样品或半成品，或者需要去获得难度较大的资质证明，那么相应的成本也就较高。所以知识产品在线招标可被看作是一种具有可变竞标成本的多属性拍卖。

学术界对于多属性拍卖的研究持续了10多年，已取得了一些成果。然而，大部分的多属性拍卖研究考虑的是无竞标成本拍卖，只有很少的研究涉及竞标成本(Samuelson 1985；Snir & Hitt 2003，etc.)。而且，就算是考虑了竞标成本，也大都假设竞标成本是固定的，与产出(质量)无关。而在本章的研究中，我们将把竞标成本看作质量的函数，并在此前提下分析竞标者的行为，以帮助招标者或市场设计者更好地设计该类招标活动。

6.2 相关研究

多属性拍卖中最基本的模式就是涉及质量和价格的双属性拍卖，以往不少研究都是基于质量—价格的双属性模式展开的，比如Che(1993)和Branco(1997)等。可以说质量—价格双属性模式是多属性拍卖的基础，本章的模型也将采用该模式。

Che(1993)证明，如果招标者的效用函数是拟线性函数，那么质量属性的取值与价格取值无关，可由招标者的效用函数和竞标者的成本函数完全决定。在确定了质量的取值后，原来的双属性问题就简化成了单属性问题。当招标者的效用函数固定不变时，不同招标者的质量取值是由他们的成本类型决定的，即一个成本类型对应一个质量取值。基于这种情况，Snir & Hitt(2003)进一步把招标者的质量看作是外生变量，该变量满足某随机分布函数。可以想见的是，该分布函数与招标者的成本类型分布函数相关。通过这样的简化过程，使得质量—价格的双属性拍卖模型简单明了、便于分析。本章的研究将沿用该简化模型。

接下去，我们先介绍Che(1993)中的质量—价格双属性拍卖模型和Snir & Hitt(2003)中的固定成本竞标模型，随后我们将在此基础上引出非固定成本竞标模型，并求解其均衡。

6.2.1 质量—价格双属性模型

Che(1993)构建了一个质量—价格双属性拍卖模型，竞标者在提交的标书中承诺所交付产品可达到的质量水平 q 和所要求的报酬 p。招标者从一个属性为 (q, p) 的合同中所获得的效用为 $U(q, p) = V(q) - p$，其中 $V' > 0$，$V'' < 0$。而赢得合同 (q, p) 的竞标者 i 则可以获利 $\pi_i(q, p) = p - c(q, \theta_i)$，其中 $c_q > 0$，$c_{\theta_i} > 0$。θ_i 是竞标者 i 的成本参数，所有竞标者的成本相互独立，服从于 $[\underline{\theta}, \bar{\theta}]$ 上的分布函数 F，F 有连续可微密度函数 f，且 $f > 0$。θ_i 是私有信息，F 是公共知识。

Che(1993)首先考虑了两种不同的确定赢者的方式：最高分(first-score)和次高分(second-score)拍卖。在最高分拍卖中，为招标者带来最高效用的竞标者中标，并按其出价 (q, p) 来提供产品和获得报酬；在次高分拍卖中，同样是具有最高效用的竞标者中标，但是所提供的效用只需等于次高效用。很明显，最高分拍卖对应于单属性拍卖中的第一价格拍卖，次高分拍卖对应于第二价格拍卖。

Che(1993)证明了如果招标者的效用函数是公共知识，那么在给出若干必要的假设条件后，最高分拍卖中竞标者的均衡出价为 $q^*(\theta) = \operatorname{argmax} V(q) - c(q, \theta)$，$p^*(\theta) = c(q^*, \theta) + \int_{\theta}^{\bar{\theta}} c_\theta(q^*(t), t)\left[\frac{1-F(t)}{1-F(\theta)}\right]^{N-1} dt$，其中 N 为竞标者人数；在次高分拍卖中竞标者的均衡出价为 $q^*(\theta) = \operatorname{argmax} V(q) - c(q, \theta)$，$p^*(\theta) = c(q^*, \theta)$。并且，这两种拍卖方式为招标者带来的期望收益相等。这可以看作是在质量—价格双属性拍卖条件下的收益等价定理。

从上述均衡可以看出，无论是在最高分拍卖还是次高分拍卖中，竞标者关于质量的均衡取值与价格取值无关，完全由招标者的效用函数和竞标者的成本函数决定。当招标者的效用函数是公共知识并且保持不变时，竞标者的质量取值就可以和竞标者的成本参数相对应。由于成本参数是外生变量，因此也可以把竞标者所承诺的产品质量看作是外生变量，其分布形式与成本参数的分布直接相关。这样的话，双属性拍卖问题就可以简化为单属性拍卖问题。在接下来要介绍的 Snir & Hitt(2003)提出的固定成本竞标模型中，就采用了这样的简化方法。

6.2.2　固定成本竞标模型

软件开发是一种典型的知识产品定制活动，Snir & Hitt(2003)重点研究了在线软件开发市场中的招标问题。直观地来讲，在线软件项目的招标应该属于多属性拍卖，因为招标者不仅仅关心价格，还关心软件质量、交付时间、后续维护等其他问题，但是为了便于研究，Snir & Hitt(2003)把这类招标简化为单属性拍卖。他们假设招标者的效用函数为 $V(q, p) = vq - p$。竞标者所开发的软件的质量为 q，q 是外生变量，服从于 $[\underline{q}, \bar{q}]$ 上的分布函数 F。竞标者的成本函数为 $C(q) = cq$，其中

c 为正常数，且 $c < v$。与其他招标模型不同的是，Snir & Hitt(2003) 考虑到了在竞标过程中竞标者所需支付的成本，他们将其记为 c_T。因此，如果竞标者赢得合同，那么他的收益为 $\pi = p - cq - c_T$；如果没有赢得合同，那么他的收益为 $\pi = -c_T$。

Snir & Hitt(2003)证明了在存在竞标成本的情况下，只有当供应方所开发的软件的质量 q 大于阈值 q_m 时才会参加竞标，q_m 是方程 $(vq_m - cq_m)[F(q_m)]^{n-1} - c_T = 0$ 的解，其中 n 为供应方人数。而对于所有参加竞标的供应方而言，存在一个对称均衡策略，该策略使得质量越好的供应方带给招标者的收益越大，并且其自身获得的收益也越大。Snir & Hitt 还对阈值 q_m 做了进一步分析，证明 q_m 随 n、c 和 c_T 的增大而增大，随 v 的增大而减小。该结论说明，当成本增加(c 和/或 c_T 增大)或者竞争加剧(n 增大)时，质量较差的供应方会主动放弃竞标。特别值得注意的是招标者对于质量的偏好 v 所起到的作用：招标者对于质量越是看重，即 v 越大，愿意参加竞标的供应方就越多，但是这些供应方所能提供的平均产品质量较差。

由于评标通常需要花费成本，因此参加竞标的供应方人数增多，尤其是质量较差的供应方人数增多，会使得招标者的评标成本增加，收益减小。为此 Snir & Hitt(2003)建议：一方面可以通过各种标准化手段来简化评标过程，减小评标成本；另一方面也可以通过收取入场费来提高竞标成本，降低低质量供应方参加竞标的积极性。

虽然 Snir & Hitt(2003)的招标模型考虑到了竞标成本对于双方收益的影响，但是所考虑的竞标成本是固定的，对于所有的供应方都相同，这显然与某些实际情况不符。在有些招标中，供应方所能提供的产品质量不同会导致其竞标成本不同。比如说，在一些设计类的项目中，质量好的供应方在准备标书的过程中所要花费的时间精力高于质量差的供应方，因此其竞标成本将高于质量差的供应方。当竞标成本不再是固定的，而是随着供应方的质量类型发生变化时，那么竞标者的均衡策略是否还存在，竞标者和招标者的收益会如何发生变化，这正是接下去我们要重点讨论的问题。

6.3 非固定成本竞标模型及其均衡求解

我们模型的基本假设及求解方法和 Snir & Hitt(2003)相同，不同的是，我们假设竞标成本不固定，而是和竞标者所提供的产品质量相关。假设市场中存在一位需求方和 n 位($n \geqslant 2$)供应方，需求方(招标者)的效用函数为 $V(p, q) = vq - p$，其中 q 是产品质量，p 是支付的报酬。v 是公共知识，需求方可通过需求说明将 v 告知供应方。市场中有 n 位风险中性的供应方，供应方所能提供的产品质量为 q。q 为外生的独立同分布随机变量，满足在$[\underline{q}, \bar{q}]$上的连续且严格递增的分布函数 $F(q)$。q 为私人信息，$F(q)$ 为需求方和所有供应方的共同知识。我们假设供应方制作标书需要花费成本 $c_p(q)$。

整个招标过程分三步进行：第一步，是由需求方给出需求说明，供应方通过需求说明可得知 v；第二步，供应方根据需求说明给出标书，该标书可表明供应方所能提供的质量 q，以及相应的报价 p；第三步，需求方比较每位供应方的质量和报价，然后确定最后中标者。

假设质量最好的供应方赢得合同。那么，当质量为 q 的供应方以质量 w 来竞标时，其收益可表示为：

$$\pi(w, q) = vqF^{n-1}(w) - u(w) - cqF^{n-1}(w) - c_p(w)$$

其中 $u(w)$ 代表需求方的收益。如果要使 $p(q)$ 成为均衡策略，那么供应方的收益必须当 $w = q$ 时取得最大值，即当 $w = q$ 时，$\frac{\partial \pi(w, q)}{\partial w} = (vq - cq)[F^{n-1}(w)]' - u'(w) - c_p{}'(w) = 0$，上述一阶条件可整理如下①：

$$(vq - cq)[F^{n-1}(q)]' - u'(q) - c_p{}'(q) = 0 \tag{6-1}$$

假设当 $q = q_m$ 时有 $\pi(q_m) = 0$，$u(q_m) = 0$，得边界条件：

$$(v-c)q_m F^{n-1}(q_m) - c_p(q_m) = 0$$

根据上述边界条件解微分方程(6－1)：

$$\int_{q_m}^{q} u'(t)dt = (v-c)\int_{q_m}^{q}[F^{n-1}(t)]'dt - \int_{q_m}^{q} c_p{}'(t)dt,\ q > q_m$$

并进一步整理可得：

$$u(q) = (v-c)qF^{n-1}(q) - (v-c)\int_{q_m}^{q} F^{n-1}(t)dt - c_p(q),\ q > q_m$$

由于 $u(q) = [vq - p(q)]F^{n-1}(q)$，所以可得：

$$p(q) = cq + \frac{(v-c)\int_{q_m}^{q} F^{n-1}(t)dt}{F^{n-1}(q)} + \frac{c_p(q)}{F^{n-1}(q)},\ q > q_m$$

---

① 二阶条件由目标函数的伪凹性保证：当 $w < q$ 时，$\pi_w(w, q) > 0$；当 $w > q$ 时，$\pi_w(w, q) < 0$。

已知需求方的效用函数为 $V(q)=vq-p(q)$，代入 $p(q)$ 可得：

$$V(q)=(v-c)q-\frac{(v-c)\int_{q_m}^{q}F^{n-1}(t)dt}{F^{n-1}(q)}-\frac{c_p(q)}{F^{n-1}(q)},\ q>q_m$$

我们先前假设质量最好的供应方赢得合同，而只有当 $\frac{dV(q)}{dq}>0$ 时，质量最好的供应方才能中标，上述均衡才能成立。我们对 $V(q)$ 求导整理后可得如下条件：

$$(v-c)[F^{n-1}(q)]'\int_{q_m}^{q}F^{n-1}(t)dt-c_p{}'(q)F^{n-1}(q)+c_p(q)[F^{n-1}(q)]'>0$$

由于 $(v-c)[F^{n-1}(q)]'\int_{q_m}^{q}F^{n-1}(t)dt>0$，所以只要 $c_p{}'(q)F^{n-1}(q)-c_p(q)[F^{n-1}(q)]'\leqslant 0$，即 $\frac{c_p{}'(q)}{c_p(q)}\leqslant\frac{[F^{n-1}(q)]'}{F^{n-1}(q)}$ 时，上述条件就可以被满足。至此我们得到命题 6-1。

命题 6-1 当 $\frac{c_p{}'(q)}{c_p(q)}\leqslant\frac{[F^{n-1}(q)]'}{F^{n-1}(q)}$ 时，在上述招标中存在一个对称的纯均衡竞标策略 $p(q)=cq+\frac{(v-c)\int_{q_m}^{q}F^{n-1}(t)dt}{F^{n-1}(q)}+\frac{c_p(q)}{F^{n-1}(q)},\ q>q_m$。其中 q_m 满足条件 $(v-c)q_mF^{n-1}(q_m)-c_p(q_m)=0$。反之，则上述均衡可能不成立。

对命题 6-1 做进一步分析可以发现，当 $c'(q)\leqslant 0$ 时，$\frac{c_p{}'(q)}{c_p(q)}\leqslant\frac{[F^{n-1}(q)]'}{F^{n-1}(q)}$ 一定成立，上述均衡策略存在。由此可得推论 6-1。

推论 6-1 如果质量越好的竞标者所需花费的竞标成本越少，那么一定存在均衡策略 $p(q)=cq+\frac{(v-c)\int_{q_m}^{q}F^{n-1}(t)dt}{F^{n-1}(q)}+\frac{c_p(q)}{F^{n-1}(q)},\ q>q_m$；反之则不然。

另外，如果 $F(q)\sim U[0,1]$，即 q 服从 $[0,1]$ 上的均匀分布，而 $c(q)=cq^k$，则有 $\frac{c'(q)}{c(q)}=\frac{k\cdot cq^{k-1}}{cq^k}=\frac{k}{q}$，$\frac{[F^{n-1}(q)]'}{F^{n-1}(q)}=\frac{(n-1)F^{n-2}(q)f(q)}{F^{n-1}(q)}=\frac{(n-1)f(q)}{F(q)}=\frac{n-1}{q}$，因此当 $k\leqslant n-1$ 时，$\frac{c_p{}'(q)}{c_p(q)}\leqslant\frac{[F^{n-1}(q)]'}{F^{n-1}(q)}$ 成立。我们知道 k 反映的是成本随质量变化的边际增长率，n 是供应方的人数。不难发现 k 越小，n 越大，$\frac{c_p{}'(q)}{c_p(q)}\leqslant$

$\frac{[F^{n-1}(q)]'}{F^{n-1}(q)}$ 就越容易被满足。当 $k=1$ 时，$c(q)=cq$，只要 $n\geqslant 2$，$\frac{c_p{}'(q)}{c_p(q)}\leqslant\frac{[F^{n-1}(q)]'}{F^{n-1}(q)}$ 就成立。由此可得推论 6－2。

推论 6－2　当供应方的质量服从[0，1]上的均匀分布，并且竞标成本是质量的线性函数，那么就一定存在均衡竞标策略 $p(q)=cq+\frac{(v-c)\int_{q_m}^{q}F^{n-1}(t)dt}{F^{n-1}(q)}+\frac{c_p(q)}{F^{n-1}(q)}$，$q>q_m$。

不难看出 $\frac{c_p{}'(q)}{c_p(q)}\leqslant\frac{[F^{n-1}(q)]'}{F^{n-1}(q)}$ 实际上是保证均衡 $p(q)=cq+\frac{(v-c)\int_{q_m}^{q}F^{n-1}(t)dt}{F^{n-1}(q)}+\frac{c_p(q)}{F^{n-1}(q)}$，$q>q_m$ 存在的充分条件，该均衡的特点在于可以保证 q 最大的竞标者赢得合同。换句话说，当$\frac{c_p{}'(q)}{c_p(q)}\leqslant\frac{[F^{n-1}(q)]'}{F^{n-1}(q)}$ 条件成立时，需求方采用招标的方式来进行交易，可以保证质量最好的竞标者赢得合同。

我们再对条件 $\frac{c_p{}'(q)}{c_p(q)}\leqslant\frac{[F^{n-1}(q)]'}{F^{n-1}(q)}$ 做仔细分析，发现 $c'(q)/c(q)$ 代表的是竞标成本的相对变化率，$[F^{n-1}(q)]'/F^{n-1}(q)$ 代表的是竞标者获胜概率的相对变化率。也就是说，如果竞标成本的相对变化率小于竞标者获胜概率的相对变化率，那么虽然质量好的竞标者所需支付的竞标成本较高，但是其获胜概率也较高，成本所带来的负效用会被高获胜概率带来的高期望收益所弥补，该竞标者还是会愿意参加竞标。反之，如果竞标成本的相对变化率大于竞标者获胜概率的相对变化率，那么质量好的竞标者的高竞标成本无法被弥补，就有可能不愿意参加竞标，或者即使参加竞标也可能因为出价过高而无法赢得合同。

对不等式 $\frac{c_p{}'(q)}{c_p(q)}\leqslant\frac{[F^{n-1}(q)]'}{F^{n-1}(q)}$ 进行简化可得$\frac{c_p{}'(q)}{c_p(q)}\leqslant\frac{(n-1)F'(q)}{F(q)}$，可以看出该条件是否成立和竞标成本函数、供应方质量分布函数和供应方人数相关。并且，很明显 n 越大，条件成立的可能性越大，当 $n\rightarrow\infty$ 时则肯定成立。因此可得推论 6－3。

推论 6－3　当 $n\rightarrow\infty$ 时，招标是有效的，质量最好的竞标者会赢得合同。

6.4 研究结果的实际意义

事实上，上述理论分析首先揭示了一个问题，其次提供了一个解决该问题的思路。通过构建模型和求解均衡，我们发现具有可变竞标成本的招标在某些情况下不一定存在质量最好的竞标者赢得合同的均衡策略，也就是招标在某些情况下不一定有效率。出现这种无效率情况通常是高质量带来高竞标成本，而其期望收益却不足以弥补高竞标成本带来的负担。然后通过进一步分析，我们又发现只要满足某个特定条件就可以避免上述无效率情况的出现。这个条件对于交易机制设计者而言存在两方面的意义：一方面可以方便设计者了解在哪些情况下招标一定有效，另一方面又可以提供一些设计思路以保证招标的有效性。

具体来说，如果竞标者的竞标成本随质量变化的过程较为平缓，那么招标通常有效；或者市场中供应方的人数较多，那么招标也会有效。也就是说，如果机制设计者可以使得竞标成本随质量变化的过程较为平缓，或者可以吸引大量供应方参与竞标，那么就可以保证招标的有效性。但是由于评标通常具有成本，大量供应方参与竞标会导致较高的评标成本，因此后一种方法很可能得不偿失，设计者更多地应该考虑如何使得竞标成本随质量变化的过程较为平缓，或者说使得质量不同的人的竞标成本相差不大。

就知识产品在线招标而言，竞标者所提供的标书经常会包括三方面的内容：知识产品的基本设计方案，相应的质量保证和报价。产生竞标成本的主要是前两部分内容。设计方案所引起的成本通常由任务属性决定，比如城市标志性建筑设计可能要求竞标者在标书中提供详细的设计方案，而普通住宅设计要求在标书中提供的设计方案就比较简单。招标组织者很难对由设计方案所引起的成本进行优化，但是可以考虑如何优化由质量保证引起的成本。

在实际情况中，最常见的一种做法就是质量标准化认证。通过一些测试审核工作，市场可以对具有不同质量水平的供应方进行认证，并给予相应的证书。一旦获得质量认定后，供应方就可以在招标过程中出示证书以证明自己的质量。这样做有两点好处：第一，不同质量的供应方通过标准化测试所花费的成本是一样的，这样就降低了由质量引起的竞标成本相对变化率；第二，在存在重复交易的情况下，供应方只需参加一次测试就可以在以后所有的竞标中以零成本提供可信的质量保证。因此，有理由认为提供标准化质量测试，有利于保证招标市场的正常运作，是市场设计者为招标市场提供的具有附加值的服务。

6.5　研究结果的经验证据

本章所提到的竞标成本对于招标有效性的影响已经引起了一些知识产品定制市场的重视，并且开始采取一些手段来解决竞标成本所带来的影响，其中最常见的手段就是上述提到的质量（能力）标准化认定。例如，美国最成功的知识产品定制市场之一 Elance 就提供了一套完整的供应方的质量（能力）标准化认证方法。

Elance 共有 8 个大类的知识产品定制，比如网站制作、多媒体设计、文档翻译，等等。Elance 为其中的 7 类知识产品定制服务（除了法律类产品定制）设计了近 400 项供应商能力测试，供应方可以选择与其专业相关的测试（图 6－1 中列出了一部分测试），完成测试后测试结果可以显示在供应方档案中（见图 6－2）。这些测试结果直接反映了供应方的能力，间接反映了供应方所能提供的产品质量。在招标过程中，招标者可以自行查看到竞标者的档案，浏览测试的结果。

Skill Test Categories

Administrative Support　Engineering & Manufacturing　Sales & Marketing　Writing & Translation
Design & Multimedia　Finance & Management　Web & Programming

All Available Skill Tests

= new skill test

Administrative Support

- Call Center Skills
- Computer Aptitude
- Computer Skills
- Computer Technician
- Customer Service
- Email Etiquette
- General Office Skills
- Help Desk
- Microsoft Excel 2003
- Microsoft Excel 2007
- Microsoft Excel 2010
- Microsoft Outlook 2007
- Microsoft Outlook 2010
- Microsoft Visio 2007
- Telephone Etiquette
- Time Management
- U.S. Culture and Etiquette

Design & Multimedia

- 3ds Max 8.0
- 3ds Max 9
- Adobe After Effects 7.0
- Adobe Fireworks CS3
- Adobe FrameMaker 8
- Adobe Illustrator CS3
- Adobe Illustrator CS3 (Mac)
- Adobe Illustrator CS4
- Adobe Illustrator CS4 (Mac)
- Adobe InCopy CS3
- Adobe InDesign CS3
- Adobe InDesign CS3 (Mac)
- Adobe InDesign CS4
- Adobe InDesign CS4 (Mac)
- Adobe Photoshop CS2
- Adobe Photoshop CS3
- Adobe Photoshop CS3 (Mac)
- Adobe Photoshop CS4
- Adobe Photoshop CS4 (Mac)
- Adobe Premiere
- CorelDraw X3
- Dreamweaver CS3
- Dreamweaver CS3 (Mac)
- Dreamweaver CS4
- Dreamweaver CS4 (Mac)
- Dreamweaver 8 (Mac)
- FrontPage 2000
- Google SketchUp Pro 7
- Macromedia Director MX 2004
- Macromedia FreeHand MX
- Maya 7.0
- Microsoft PowerPoint 2003
- Microsoft PowerPoint 2007
- Microsoft PowerPoint 2010
- PageMaker 7.0
- Photography
- Principles of Web Graphics Design
- Quark XPress 8.0

图 6－1　Elance 标准测试列表

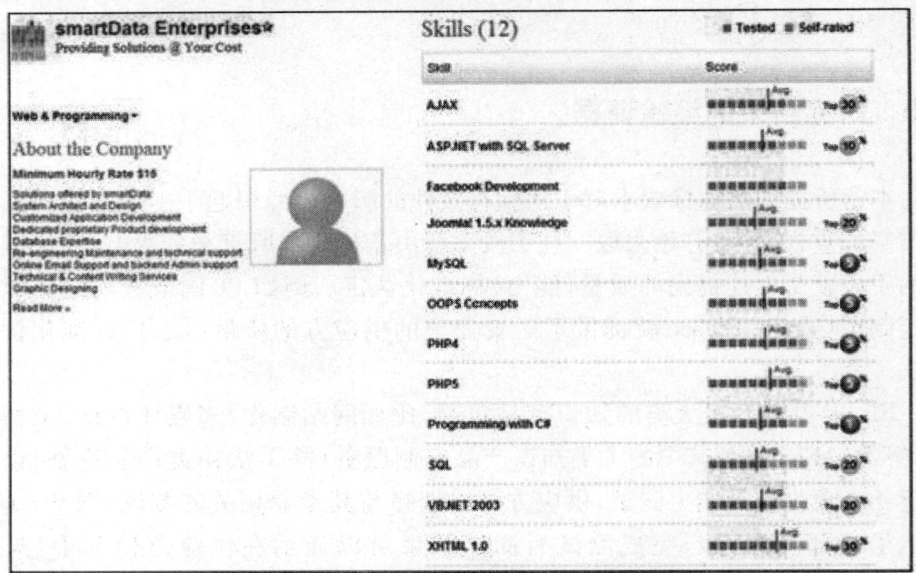

图 6－2　Elance 中供应方档案中显示的能力测试结果

除了参加标准能力测试外，供应方也可以用学位证书、专业资格证书等其他方式来证明自己的能力，为了确保供应方所提供证书的真实性，Elance 联合 www.justifacts.com 开展证书验证服务。凡是被验证过的证书都会有特殊标记。招标方可以根据这些验证后的证书来评估竞标方的能力及其可提供的产品质量(见图 6－3)。

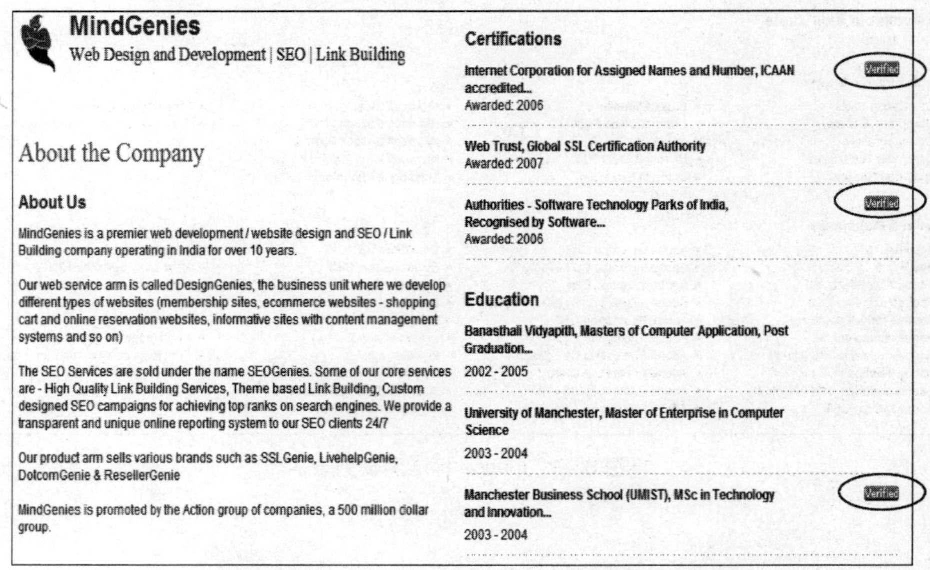

图 6－3　Elance 中供应方档案显示的经第三方验证的证书

这种标准化的手段不仅可以帮助降低由质量引起的竞标成本相对变化率，保证招标的有效性，另一方面也使得 Elance 市场相较于其他的网上市场更具有吸引力，提高供应方用户的忠诚度。供应方用户一旦参加了 Elance 的质量标准化认证测试，就会尽可能多地在 Elance 上进行交易，因为此时相对于其他市场而言，供应方用户在 Elance 上的竞标成本低于在其他市场上的竞标成本。这或许也可以部分解释为什么 Elance 会成为美国最成功的知识产品在线定制市场。

反观国内的知识产品在线定制市场，我们发现几乎所有的市场都未提供质量标准化认证服务。这就使得不同质量的竞标者的竞标成本难以统一，招标存在无效率的风险。鉴于这个问题普遍存在，市场设计者应该予以重视，并采取已有的或者创新性的手段加以解决或弱化。

第七章

知识产品在线招标中的信息结构研究

7.1 引言

在任何一种交易中都存在多种信息，比如买卖双方信息、交易物品信息、交易价格信息，等等。交易的信息结构（Information Architecture）可定义为在一个交易过程中谁了解什么样的信息，也可进一步定义为在交易过程中，谁在什么时候通过什么途径了解到什么样的信息（Koppius，2002）。在上述两个定义中，前者仅仅表现了一种信息公开的状态，而后者则包含了信息公开的策略安排。本章所提到的"信息结构"沿用后一种定义。

信息结构通常被看作是交易机制设计的重要组成部分，设计者可以通过采用不同的信息公开策略来影响交易双方的行为，从而得到不同的交易结果。举个简单的例子，在拍卖市场中，公开他人的报价信息（英式拍卖）和隐藏他人的报价信息（密封拍卖）可能会导致不同的成交价[①]，因此机制设计者可根据需要来决定在拍卖过程中是否公开他人的报价。而相对于传统交易而言，信息结构的设计在在线交易中更值得关注，因为在在线交易过程中收集、整理和发布信息的成本均比传统交易低得多，所以设计者有着更为广阔的策略选择空间。另外，交易越复杂，信息结构的设计就越重要。一方面是因为复杂的交易会产生更多的信息；另一方面则是因为在复杂的交易中，交易双方需要更多的信息来进行决策。

知识产品在线定制交易中所采用的招标机制可被看作是一种多属性反向拍卖机制。在这种拍卖机制中，买方不仅仅以价格来决定中标者，还需要考虑产品质

① 前提是市场中的买方厌恶风险。

量、交货日期等多项因素。也就是说，卖方在竞标时，不只是给出一个价格，而是要给出一个多因素的竞标组合。显然，这类拍卖比单属性拍卖更为复杂，拍卖过程中产生的信息以及拍卖决策所需信息均多于单属性拍卖，因此有必要对该类交易机制的信息结构进行专门的研究。本章的结构如下：第二节介绍多属性拍卖机制中的信息结构并对相关研究进行简单综述，第三节通过两个案例分析（Elance 和猪八戒网）来研究在实际的知识产品在线招标中信息结构是被如何安排的，第四节基于猪八戒网的招标任务数据对知识产品在线招标中的招标者的偏好信息和需求信息的显示特点进行探索性实证研究，最后总结。

7.2 多属性拍卖的信息结构安排

Koppius(2002)指出，多属性拍卖中的重要信息包括：招标者的偏好信息、竞标者的竞标内容、竞标分数、竞标排名以及竞标者身份[①]，这五类信息连同与其相关的信息公开策略共同构成了多属性拍卖中的基本信息结构。

招标者的偏好信息反映的是招标者对于不同竞标因素的偏好，比如对于某个招标者来说是质量因素重要还是价格因素重要。显示偏好信息最直接的手段是给出效用函数，效用函数不仅可以表现出招标者对于不同因素的偏好，而且还给出了不同因素所占的具体比重。招标者的偏好信息直接影响到竞标者的竞标策略。偏好信息是招标者的私有信息，招标者可以选择公开或者部分公开其偏好，甚至还可以利用虚假的偏好信息来影响竞标者的行为。

竞标者的竞标内容是指竞标者给出的多属性竞标组合，是竞标者对影响招标者效用的每个招标属性的具体出价。比如，招标者的效用由质量和价格两个属性决定，那么竞标者的竞标内容就包括承诺的质量水平和期望的价格水平。竞标内容可以被完全公开、被部分公开或者被完全隐藏。一个完全公开竞标内容的多属性拍卖类似于单属性拍卖中的英式拍卖，而一个完全隐藏竞标内容的多属性拍卖则类似于单属性拍卖中的密封拍卖。另外，还有一种有趣的竞标内容公开策略是不给出已有的竞标组合，而是给出能够胜过现有竞标组合的竞标组合建议。

竞标得分（bidding score）是指根据招标者给出的效用函数计算出的每一个竞标者的竞标可获得的分数，分数越高意味着该竞标带给招标者的效用越高，该竞标也就越可能胜出。通常情况下，市场并不给出所有竞标的分数，而只是给出当前所有

① 由于多属性拍卖常用于采购招标中，所以下文中的“招标者”表示“需求方”，“竞标者”表示“供应方”。

竞标中的最高分，以此来帮助未竞标者或再次竞标者确定自己的竞标策略。当然，有的市场也选择不给出任何竞标分数，而是取而代之地给出竞标排名。竞标排名(bidding ranking)给出的是每一个竞标在当前所有竞标中的排名，排名最高的竞标将会胜出。竞标者可以根据当前的竞标排名情况来确定自己后续的竞标策略。

竞标者的身份通常是指竞标者具有的和交易直接或间接相关的特征，比如竞标者的能力、竞标者以往的交易历史，等等。竞标者的身份信息对于多属性拍卖交易的影响主要表现在两个方面：第一，如果一个竞标者了解所有其他竞标者的情况，那么他对于市场中竞标者的类型分布可能会有更准确的认识；第二，在竞标者成本相关的情况下，是否公开竞标者的身份会影响到拍卖的结果。市场的设计者可以根据具体情况来决定是否强制要求竞标者公开自己的身份，也可以让竞标者自己决定是否公开身份。

在多属性拍卖研究领域，围绕着是否应该公开以及该如何公开招标者的偏好信息和竞标者的竞标信息已有了不少研究成果，接下去我们将对这些研究成果做一个简单综述。

7.2.1 招标者的偏好信息

前面已经提到招标者偏好信息的最完整显示方式是公开招标者的效用函数，招标者的效用函数可直接反映招标者对于拍卖品的不同属性的偏好程度。经济学者常用一个拟线性函数来表示招标者的效用：$U(b,\ p)=V(b)-p$。该函数把招标者的效用分为两部分：一部分是由拍卖品的非价格属性 b 所带来的正效用，这里的 b 是一个多维向量，包含质量、交货时间、售后服务等多种因素，另一部分是由拍卖品的价格 p 所带来的负效用。有些时候，上述效用函数还被进一步简化为线性相加的形式 $U(b,\ p)=\sum_i U^i(b^i)-p$，也就是说招标者所获得的效用等于拍卖品每个属性所带来的效用之和，其中价格属性带来的是负效用。在竞标的过程中，招标者会计算每个竞标带给他的效用，并由此决定胜出者，这个过程很像招标者对每一个竞标进行打分，得分最高者获胜，所以效用函数也常被称为记分函数(scoring function)。

Strecker(2003)研究了效用函数的公开策略对于拍卖结果的影响。在他的实验中，招标者采用英式反向拍卖的方法采购一个物品，该物品具有三个属性，分别为价格属性和两个非价格属性。招标者的效用函数是拟线性函数。实验设计了两个场景：在一个场景中招标者向所有的竞标者公布他的效用函数；在另一个场景中招标者并不公布他的效用函数，而只是给出一些很简单的偏好规则，比如，在非价格属性相等的情况下偏好价格低的竞标，三个属性之间的效用可以相互补偿，等等。实验分别测量了在这两个场景下拍卖结果的分配效率(allocation efficiency)和帕累托效率(Pareto efficiency)，所得的结果为：①在招标者公开效用函数的情况下，拍卖的分配效率和帕累托效率均较高，并且所获效率的平均值接近于理论最大值；②在招标者公开效用函数的情况下，竞标者所获得的收益较大，但是这并不以牺牲招标者的利益为代价，公开效用函数也会使得招标者的收益略微增加。

Strecker(2003)的研究说明公开效用函数优于隐藏效用函数，但是招标者应该公开自己真实的效用函数还是应该伪造一个效用函数来获取更大的利益？Che(1993)构建了一个双属性密封拍卖模型，其中招标者的真实效用函数为$U(q, p) = V(q) - p$，q表示质量，p表示价格。Che 证明：当招标者公布的效用函数为$S(q, p) = V(q) - p - \Delta(q)$时，招标者可获得的收益最大。很显然，公布的效用函数和真实的效用函数并不相同，它们之间相差一个$\Delta(q)$[①]。也就是说，为了最大化自己的收益，招标者应该公布一个经过精心构造的效用函数而不是其真实的效用函数。不过，Che 指出，在某些情况下，构造的效用函数可能会和真实的效用函数发生冲突，导致招标者必须接受一个从其真实效用来说并非是最优的竞标。在这种情况下，招标者就有动机要抵赖，否定招标的结果。

虽然 Strecker(2003)的实验证明公布招标者的效用函数比隐藏招标者的效用函数更有效，并且 Che(1993)还给出了一个最优的效用函数公布方案，但是，在实际招标中，直接给出招标者效用函数的情况很少见。Elmaghraby(2007)研究了多个电子市场，如 Ariba、Emptoris、Verticalnet 和 FreeMarkets 等，并与市场上的许多招标者进行了访谈，绝大部分的招标者反映他们在招标的过程中不会向竞标者公布效用函数。他们会告诉竞标者有哪些效用影响因素，但不会给出这几个因素的确切比重。对此，Elmaghraby(2007)总结了两方面的原因：一方面，招标者自己也不是很清楚这些因素的确切比重，并且不希望后续的评估过程被预先公布的效用函数束缚住；另一方面，竞标者也并不要求招标者公布具体的效用函数，他们只要知道招标者会从哪几个方面来评估竞标就可以了。为了进一步解释第二个原因，Elmaghraby(2007)访问了许多实际市场中的竞标者以了解他们是否会采用博弈分析的方法选取最优的竞标策略，得到的答案是否定的。事实上，市场中的竞标者鲜有采用博弈理论进行策略分析，因此对他们而言招标者的效用函数并不能帮

① $\Delta(q)$的具体表现形式和含义请参见 Che(1993)。

助他们更好地进行策略分析，反而可能导致信息过载，加大他们决策的难度。

既然理论研究表明公开招标者的效用函数有助于提高交易的效率和交易双方的收益，而在实践中招标者既不愿意又很难直接给出招标者的效用函数，所以研究者们开始设计各种折中的方法，其中典型的方法包括 Teich et al.（1999）提出的“招标者指定竞标路径法”，Teich et al.（2001，2006）提出的“属性估价法”，Beil & Wein（2003）提出的“反向最优法”和 Bellosta et al.（2004）提出的“参考点法”。

招标者指定竞标路径法（auction owner specified bid path）是指招标者先给出各属性的保留价值（reservation value），然后挑选一个属性，让竞标者在满足各属性保留价值的前提下就所挑选的属性进行竞标，当该属性的报价达到招标者满意的水平后，招标者再挑选下一个属性让竞标者进行竞标。虽然这种方法易于理解，但是对于竞标者的限制过大，招标结果很可能无法达到帕累托有效。

属性估价法（pricing-out approach）是指招标者对所有的非价格属性都进行估价，给出对应的货币价格。比如，在拍卖开始前，招标者说明每单位质量提高的效用或者交货时间提早的效用等价于多少货币带来的效用，那么在拍卖的过程中，每一个竞标都可以被转换成相应货币效用进行比较。Teich et al.（2006）已经将该偏好显示方法应用到他们设计和开发的自动多属性拍卖系统——NegotiAuction 系统中，实际应用的情况仍待观察。

反向最优法（inverse-optimization-based mechanism）是指招标者可以组织一个多轮拍卖，在每一轮拍卖中招标者公布一个不同的效用函数，根据在不同效用函数情况下竞标者的竞标情况，招标者可以了解到竞标者的实际成本函数。利用该成本函数信息，招标者在最后一轮拍卖中可以设计一个最大化其收益的效用函数。在反向最优法中，看起来招标者在一开始就给出了效用函数，但是实际上那并不是招标者真实的效用函数，而是为了试探竞标者的成本而设计的伪效用函数。虽然该方法具有较高的理论价值，但是在实践中竞标者通常不愿意让招标者知道自己的成本函数，因此不太可能参加这种多轮拍卖，所以该方法的实际应用价值不高。

参考点法（reference points approach）是指在拍卖开始前，招标者公布一个保留属性组合（reservation point）和一个期望属性组合（aspiration point），竞标者可以在这两个参考点之间竞标。不同于直接公布效用函数，招标者通过发布这两个参考点来间接地公开其偏好信息。拍卖分多轮进行，每一轮拍卖的有效竞标都必须优于该轮拍卖的保留组合，每一轮拍卖中和期望属性组合最接近的竞标组合胜出，同时，招标者根据这一轮的竞标情况决定下一轮拍卖的保留组合。这种方法的优点在于，和效用函数相比，招标者更容易给出自己对各个属性的保留价值和期望价值，并且招标者对于拍卖过程有更多的控制权。

7.2.2　竞标信息

在拍卖交易中，交易过程信息主要是指竞标信息。在单属性拍卖中，竞标信息指的是竞标者的出价，而在多属性拍卖中，竞标信息不仅包括竞标者对每个属性的出价，还包括竞标组合的分数和排名信息，其中，竞标组合的得分出现在招标者公布了记分(效用)函数的情况下。之所以在多属性拍卖中特别强调竞标组合的得分和排名信息，是因为在多属性拍卖中，这两类信息并非直观可得，而是通过计算和排序所得，如果市场不自动提供，将会增加竞标者的认知负担，甚至可能影响他们的竞标。

已有关于竞标信息公开策略的研究主要分为两部分：第一部分研究的是拍卖过程中是否需要公开竞标信息，第二部分研究的是拍卖过程中应公开哪些竞标信息。我们首先来看看第一部分研究的结果。

根据是否在拍卖过程中公开竞标信息可以将多属性拍卖分成密封拍卖和非密封拍卖。第一总分密封拍卖(first-score sealed auction)是前一类拍卖的典型形式[①]，类似于单属性拍卖中的第一价格密封拍卖；英式多属性拍卖(English multi-attribute auction)是后一类拍卖的典型形式，类似于单属性拍卖中的英式拍卖。Che(1993)构建了双属性条件下第一总分密封拍卖和第二总分密封拍卖，并且从理论上论证了两者存在收益等价关系，即无论招标者使用第一总分还是第二总分密封拍卖，其所获收益相同。由于与单属性拍卖的情况相似，第二总分密封拍卖的收益在理论上与英式多属性拍卖的收益相同，因此第一总分密封拍卖和英式多属性拍卖的收益也相等。然而，Bichler(2000)的实验结果却没有证实第一总分密封拍卖和英式多属性拍卖的受益等价关系，反而显示收益者在第一总分密封拍卖中的收益高于英式多属性拍卖。这个结果和单属性拍卖的实验结果完全一致，在单属性拍卖实验中，第一价格密封拍卖也优于英式拍卖。Bichler(2000)指出了导致该结果的两个可能的原因：第一，竞标者是成本相关的，出价会相互影响，因此密封拍卖和非密封拍卖的结果就会不同；第二，竞标者是风险厌恶的，因此在密封拍卖时，竞标者会给出较低的报价以补偿风险。

虽然 Bichler 的实验证明第一总分密封拍卖优于英式多属性拍卖，但是目前来说英式多属性拍卖仍然是一种常见的拍卖方式，因此 Koppius & van Heck(2003)研究了在英式多属性拍卖中该如何公开竞标信息。Koppius & van Heck(2003)设

---

① “第一总分”指的是根据招标者给出的记分(效用)函数得分最高的竞标组合。

计了一个三属性拍卖，招标者在拍卖开始前公开自己的效用(记分)函数。实验中包含两个场景：在一个场景中，竞标者只知道当前胜出的竞标组合；而在另一个场景中，竞标者知道所有的竞标组合以及它们和胜出的竞标组合之间的差距。Koppius & van Heck(2003)在这两个场景中对分配效率和帕累托效率进行了测量，实验结果发现，在后一个场景中分配效率和帕累托效率均高于前一个场景。也就是说，公开所有的竞标组合信息优于只公开当前胜出的竞标组合信息。

从以上的研究我们了解到，从理论上来说当竞标方是风险中性时，密封拍卖和非密封拍卖是等价的，但是在实际情况中，很可能是密封拍卖优于非密封拍卖，这既有可能是因为竞标者的成本相关性也可能是因为竞标者是风险厌恶的。另外，对于非密封拍卖而言，公开不同的信息会导致不同的拍卖结果，信息公开程度越高，交易的效率也越高。

7.3 知识产品在线招标的信息结构安排

关于多属性拍卖交易的信息结构的研究大多都是理论和实验研究，实证研究较少并且关注的都是普通商品的招标，目前尚没有出现针对知识产品招标中信息结构安排的研究。因此，接下来我们将通过分析两个案例来研究在实际市场中知识产品在线招标的信息结构是怎样安排的。

7.3.1 Elance中的招标信息结构安排

Elance成立于1999年，是美国最大的知识类在线服务市场(E-Service Market)，也就是我们所说的知识产品在线定制市场。Elance提供包括网站和软件开发、设计和多媒体应用等八大类知识产品定制交易。该市场中主要的交易模式为招标。我们将重点考察其招标过程中的信息结构设计，从而了解实际市场对于知识产品在线招标的信息结构安排。对应前文，我们将从招标者信息、交易信息和竞标者信息三个方面来考察Elance的市场实践。

7.3.1.1 招标者信息

1) 招标者的偏好信息

这部分信息的公开途径主要是市场组织者预先设计好的格式化任务描述。格式化任务描述主要包括三部分的内容：预算范围、时间要求和需求描述。招标者必须填写这三项内容才可以发布任务。而在竞标者的标书中也需要对这三项内容一一做出回应(见图7-1)。

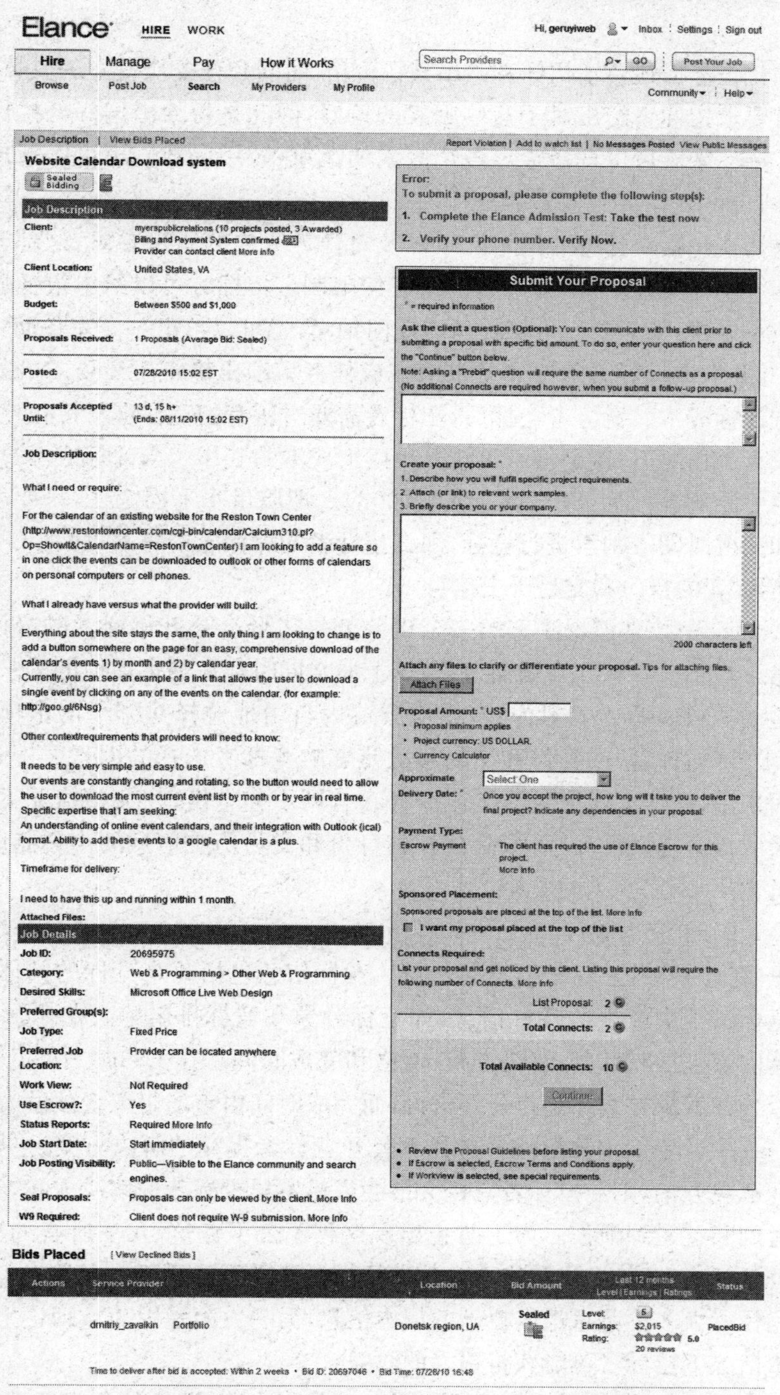

图 7－1　Elance 招标中的任务描述和招标者信息

格式化任务描述要求招标者给出其在价格、时间和任务质量上的具体要求，但是并没有要求招标者给出对于这些因素的偏好，因此是否给出偏好是招标者自己的选择。招标者既可以选择给出各个因素的比重(效用函数)，也可以指出特别重要的因素，也可以什么信息都不给。

需求描述包括对任务的简单介绍以及对任务成果的质量要求，这部分内容完全由招标方撰写，市场组织者对此不做任何限制。招标方可以给出最低质量要求和最高质量期望，从而进行价值参考点反向拍卖，也可以给出一个完备而又明确的质量要求，要求竞标者必须按该要求来完成任务。给出确定质量要求的好处之一在于降低评标成本。竞标者竞标后，招标者需要对所有的竞标进行评估比较，在竞标数目较大的情况下，这是一个可能产生巨大成本的工作。当评标成本过大时，招标者甚至可能放弃招标(Snir & Hitt, 2003)。把质量水平固定住，只要求竞标者对价格和完成时间等因素进行竞标，那么招标者的评标成本将大大减小。

2) 招标者的身份和交易历史信息

在 Elance 中特别值得注意的一个现象就是市场会公开招标者的身份和交易历史信息。对于一个在线市场而言，市场上通常同时存在许多类似的需求，而供应方对于这些需求的搜寻成本为零，供应方可以自由地选择对哪个需求项目竞标。通常，需求方(招标者)的身份和交易历史是影响竞标者选择的因素之一。而从另一个方面来说，由于在线交易或多或少存在合同不完全性，在某些情况下，需求方有可能采取机会主义行为，而强制公开其身份和交易历史信息的声誉制度可以抑制这些机会主义行为(见图 7-1)。

7.3.1.2　交易信息

这里的交易信息主要是指竞标信息。竞标信息包括每个竞标的具体内容，也包括在竞标过程中产生的各种信息，如竞标分数和竞标排名等。在 Elance 中，竞标的具体内容包括三部分:解决方案、价格和完成时间。在 Elance 中，招标者可以选择是否公开解决方案和是否公开报价，而完成时间由市场组织者预设为公开。

Elance 中的绝大多数招标者选择不公开竞标者提交的解决方案，主要原因是如果公开解决方案，则后投标者有机会抄袭或借鉴早投标者的解决方案，这将导致早投标者的利益受到损失。为了防止出现这种不公平竞争，几乎所有的招标者都选择不公开解决方案。另外，绝大多数的招标者选择不公开竞标者的报价，一方面是由于竞标者大多不愿意透露自己的成本信息，另一方面是因为从理论上来说，在密封报价情况下招标者可能获得更大的收益。

由于招标者的效用函数不明确，因此无法计算出具体的效用分数，所以在

Elance 的拍卖过程中不公开效用分数信息。同样地，由于效用函数不明确，市场也无法对竞标者的竞标组合进行排序，也就无法提供自动生成的排名信息。但是，招标者可以对所有的竞标组合进行排序，并在其给予竞标者的反馈信息中给出相应的排名信息。不过，在这种情况下，竞标者通常只知道自己的名次，以及与当前最优竞标组合的差距。

7.3.1.3　竞标者信息

在 Elance 中，竞标者的信息是公开的，包括竞标者的身份信息、竞标者的能力、竞标者已完成的任务金额、竞标者已获得的反馈等。值得注意的是，Elance 把竞标者的身份信息显示为竞标组合的一部分，如图 7－2 所示。我们认为可能的原因之一是通过公开竞标者的信息可以使竞标者自选择，减少竞标数量，从而降低评估成本。

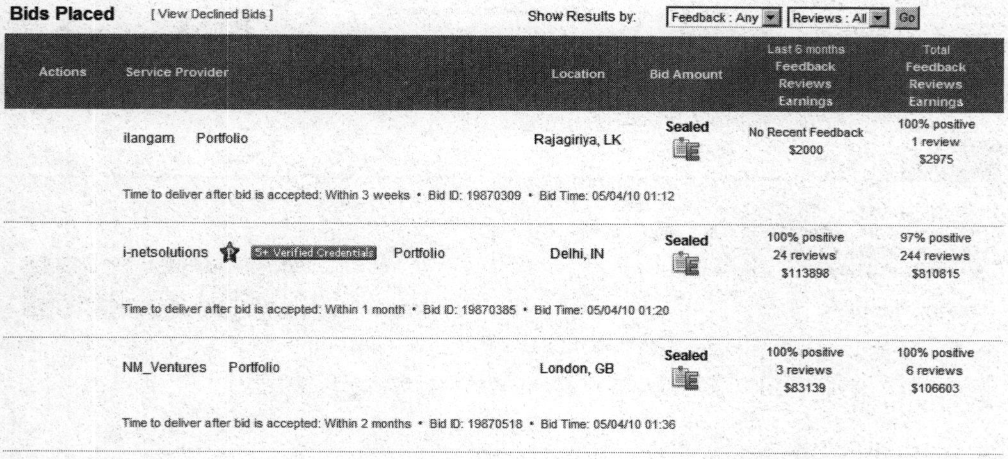

Bids Placed　[View Declined Bids]　　Show Results by: Feedback : Any　Reviews : All　Go

Actions	Service Provider	Location	Bid Amount	Last 6 months Feedback Reviews Earnings	Total Feedback Reviews Earnings
	ilangam　Portfolio	Rajagiriya, LK	Sealed	No Recent Feedback $2000	100% positive 1 review $2975
	Time to deliver after bid is accepted: Within 3 weeks • Bid ID: 19870309 • Bid Time: 05/04/10 01:12				
	i-netsolutions　5+ Verified Credentials　Portfolio	Delhi, IN	Sealed	100% positive 24 reviews $113898	97% positive 244 reviews $810815
	Time to deliver after bid is accepted: Within 1 month • Bid ID: 19870385 • Bid Time: 05/04/10 01:20				
	NM_Ventures　Portfolio	London, GB	Sealed	100% positive 3 reviews $83139	100% positive 6 reviews $106603
	Time to deliver after bid is accepted: Within 2 months • Bid ID: 19870518 • Bid Time: 05/04/10 01:36				

图 7－2　Elance 招标中的竞标者信息

7.3.2　猪八戒网的招标信息结构安排

猪八戒网(Zhubajie. com)是国内最早成立的知识产品在线定制市场之一，提供包括网站和软件开发、设计和多媒体应用等多种知识产品定制交易。该市场的主要交易模式之一为招标。在本节中，我们将重点考察猪八戒网上的招标交易的信息结构设计，从而进一步了解在实际情况下，知识产品定制市场的信息结构安排。同样，我们将从招标者信息、交易信息和竞标者信息三个方面来考察猪八戒网的市场实践。

7.3.2.1　招标者信息

与 Elance 类似，在猪八戒网中，市场并不要求招标者公开其偏好，不同的招标者可以选择在需求描述中说明其偏好。同样，通过需求描述，招标者可以给出质量要求。根据所给质量要求的详尽及严格程度，可以判断该招标是采用价值参考点法还是标准质量法。竞标者的竞标内容也和需求描述相对应，主要包括两部分：一部分是解决方案，另一部分是报价。其中解决方案主要是表现竞标者将如何完成任务以及所提交的任务成果可达到怎样的质量。猪八戒网和 Elance 一样，也强制公开招标者的身份和交易历史信息。见图 7－3。

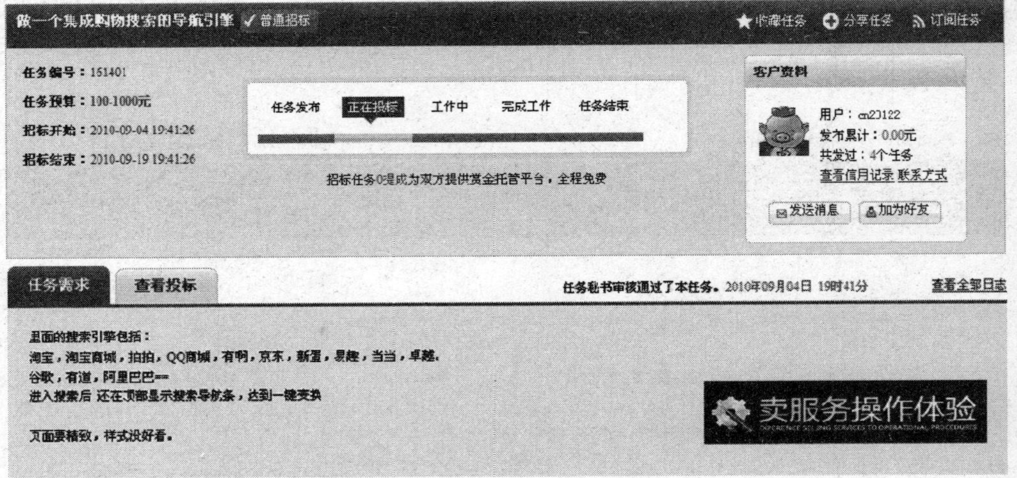

图 7－3　猪八戒网招标任务的招标者信息和任务描述

7.3.2.2　交易信息

和 Elance 不同，猪八戒网采用的是非密封竞标方法，竞标者的报价是公开的。但是，公开的只有报价，其他的竞标内容并不公开，如解决方案、解决完成任务所需时间等。并且，在竞标的过程中，市场也并不给出竞标分数和排名。见图 7－4。

7.3.2.3　竞标者信息

和 Elance 一样，猪八戒网也公开竞标者的信息，直接列出的信息包括身份信息和信用信息。除此之外，有关竞标者更为详细的能力介绍和交易历史信息可以通过查看竞标者的在线档案而获得。见图 7－4。

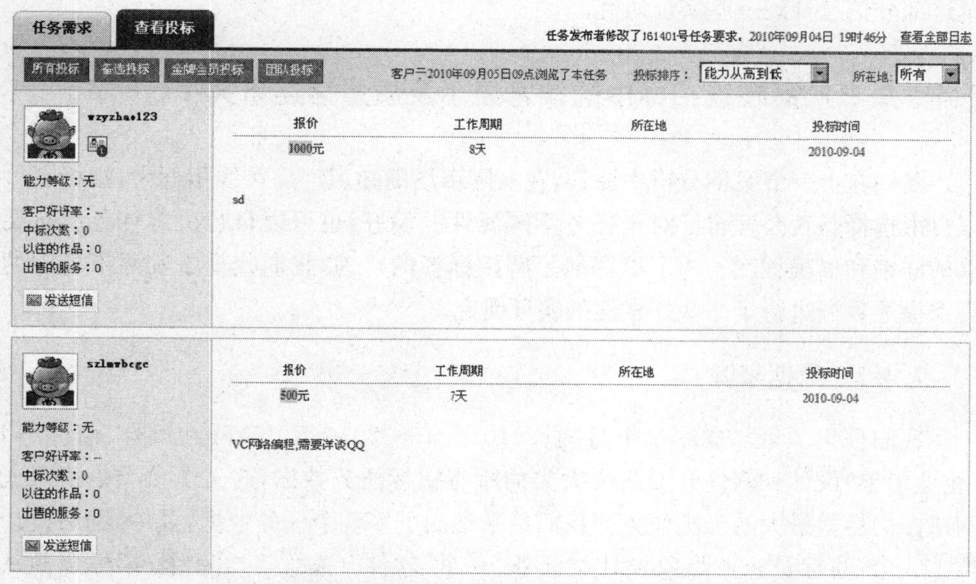

图 7-4　猪八戒网招标任务的竞标信息和竞标者信息

7.3.3　案例研究总结

通过对 Elance 和猪八戒网这两个知识产品在线定制市场的分析，我们可以发现实际市场对知识产品在线招标信息结构的安排具有如下几个特点：①由招标者自行选择是否公开偏好以及给予怎样的质量要求；②采用完全或部分密封方式进行招标，不公开除价格以外的竞标内容；③公开招标者和竞标者的身份、信用、能力和交易历史等信息。

特别值得注意的是，在上述知识产品在线招标过程中，需求描述具有相当重要的作用，竞标者的偏好信息、竞标者对于任务成果的质量要求或者检验标准都是在需求描述中体现出来的。理论研究表明，在多属性拍卖中，招标者偏好信息如何显示对于拍卖的效率会产生影响（Strecker 2003），目前有关多属性拍卖中招标者偏好显示的研究主要基于普通商品招标（Elmaghraby 2007），因此我们在下一节中将对知识产品招标中的偏好显示做进一步研究。另外，在招标交易尤其是定制产品招标交易中还存在一类重要的信息——质量要求描述信息，这类信息在很大程度上决定了招标交易合同的完全性，因此理应对招标交易能否成功有所影响，然而已有的文献基本忽略了对于这一部分信息的研究。因此我们在下一节中还将特别针对这部分信息开展一些实证研究。

7.4 知识产品在线招标中的偏好显示及质量描述研究

我们在上一节案例分析中提到，在实际市场的知识产品在线招标中，招标者可以自由选择是否公开自己对于任务不同属性的偏好，也可以自行决定任务质量要求的详细和准确程度。为了更好地了解招标者的行为，我们收集了实际市场中的需求描述数据进行了一些探索性的实证研究。

7.4.1 数据来源

我们采集了猪八戒网三个月内(2010.5.15—2010.8.15)网站设计、商标/VI(企业形象)设计和软件开发三个大类的所有招标任务数据，这三个大类是猪八戒网招标交易量最大的三类任务。我们共采集到了555个任务数据，其中，网站设计类125个，商标及企业形象设计类任务70个，软件开发任务360个；招标金额从100元到30 000元不等，总中标金额613 810元，平均中标金额1 105元，如图7-5所示。在每一类招标类型中都存在招标失败(流标)的任务，由于各种原因招标者没能选中合适的竞标者，如图7-6所示。在所有样本中，流标的任务占所有任务的12.6%。

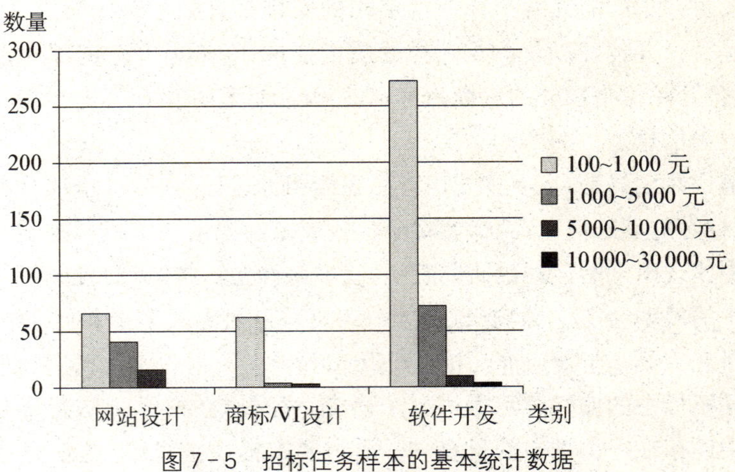

图7-5 招标任务样本的基本统计数据

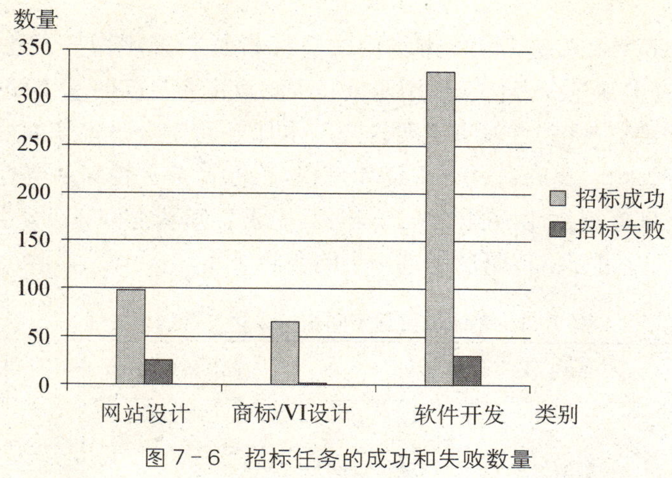

图 7-6　招标任务的成功和失败数量

7.4.2　招标者的偏好显示研究

在我们所研究的 555 个招标任务中，招标者明确给出效用函数的只有 1 个任务，招标者指出特别偏好的共 92 个任务，占总任务数的 16.6%，如图 7-7 所示。

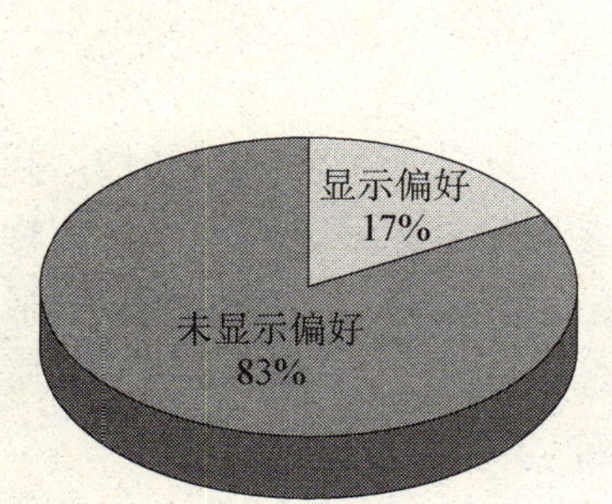

图 7-7　招标者的偏好显示情况

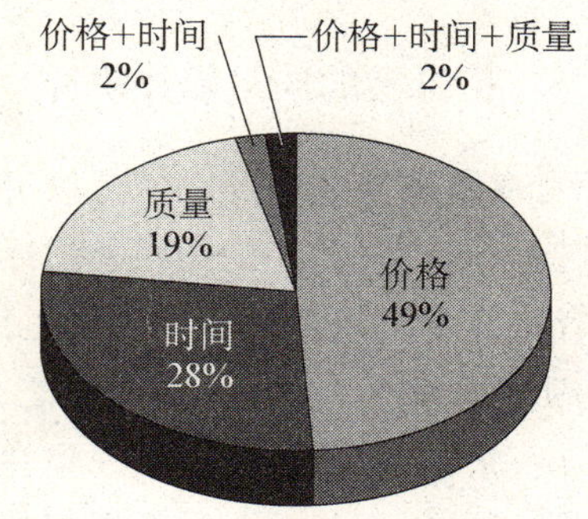

图 7-8　招标者偏好的分布

在给出特别偏好的这些招标者中，表示特别看重价格的占 49%，特别看重时间的占 28%，特别看重质量的占 19%，既看重价格又看重时间的占 2%，对价格、时间和质量均重视的占 2%，如图 7-8 所示。

上述统计结果表明，在知识产品在线招标中，大部分的招标者不会给出任何偏好信息；只有小部分的招标者会说明自己特别看重的某些效用因素；几乎所有的招标者都不会公布自己的效用函数，这一点与 Elmaghraby(2007)在普通物品在线招标中观察到的情况相似。而在所有公开偏好的招标任务中，看重价格因素的最多。

Elmaghraby(2007)曾指出,市场中的竞标者鲜有采用博弈理论进行策略分析,因此招标者告知竞标者自己效用函数和告知竞标者自己的基本偏好区别不大。但是,Elmaghraby(2007)并没有说明告知基本偏好和完全不告知偏好对招标能否成功是否会有影响。我们通过数据统计发现,招标者是否告知基本偏好和招标的成功与否没有显著相关性,见表7-1。当然,是否告知基本偏好应该会对竞标者的出价有所影响,这可以留待以后做进一步的实验研究。

表7-1 基本偏好显示和招标成功与否的相关性

			基本偏好显示	招标成功
Kendall的tau_b	基本偏好显示	相关系数	1.000	-.032
		Sig.(双侧)	.	.451
		N	555	555
	招标成功	相关系数	-.032	1.000
		Sig.(双侧)	.451	.
		N	555	555

7.4.3 招标者的质量描述研究

招标者在需求描述中可以自行决定对质量描述的完整性和精确性。我们首先研究质量描述的完整性和精确性和招标成功与否是否相关。对于一个招标任务来说,招标者将其定制的知识产品所要达到的质量描述得越完整越精确,其最后获得的产品的质量不确定性也就越低,反之会越高。因此,在下文中我们用"质量描述的确定程度"来代替"质量描述的完整性和精确性"。

不同类型的任务其可达到的质量描述的确定程度不同,比如商标设计等创意类的任务和软件开发类的任务相比,可达到的质量描述的确定程度就差一些。因为商标设计的质量主要体现在创意的优劣上,而招标者很难对一个尚未出现的创意进行描述;软件开发的质量主要体现在功能的实现上,相对于创意而言功能是比较容易被描述的。因此,在做该项研究时,我们只选取了网站设计这一类任务作为研究对象,以剔除由于任务类型不同而引起的质量描述的确定程度的系统差异。

在我们收集的数据中共有125个网站设计类任务。网站设计的质量描述主要有两方面的内容:一是功能方面的要求,二是美工方面的要求。我们以打分的方法来确定每一项任务的质量描述的确定程度。功能确定性最低记0分,最高记5分;

同样地，美工确定性最低记0分，最高记5分，因此，质量描述确定程度的总分在0～10分之间。所有的网站设计类任务的平均得分为6.04，不同预算类型任务的平均得分如图7-9所示。

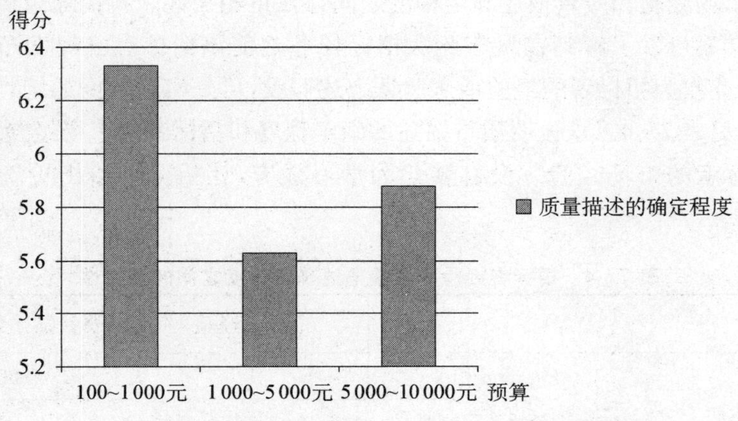

图7-9　不同预算任务的质量描述确定程度

我们得到如表7-2及表7-3所显示的统计结果，表明成功完成招标的任务的质量描述确定程度和流标的任务的质量描述确定程度存在显著差异，前者高于后者。也就是说，成功招标的任务其质量描述相对于流标的任务而言更加明确完整。

表7-2　招标成功任务和招标失败任务的质量描述确定程度

	招标成功	N	均值	标准差	标准误均值
质量描述确定程度	0	27	4.48	2.293	.441
	1	98	6.47	2.334	.236

表7-3　招标成功任务和招标失败任务的质量描述确定程度T检验

		Levene's 方差齐性检验		t检验						
		F	Sig.（双侧）	t	df	Sig.（双侧）	均值差值	标准误差值	差值的95%置信区间 下限	差值的95%置信区间 上限
质量描述确定程度	同方差假设	.322	.572	−3.933	123	.000	−1.988	.505	−2.988	−.987
	异方差假设			−3.973	42.039	.000	−1.988	.500	−2.998	−.978

接下去，我们将进一步研究质量描述的确定程度和招标者的市场经验之间的相关性。我们认为，多次在市场上交易的招标者应该可以逐步认识到质量描述的重要性，也就是说通过学习，招标者可以改善质量描述的确定程度，因此我们假设招标者的市场经验和质量描述确定程度之间存在正相关性。我们通过浏览每一位招标者的档案可以了解到在发布此次招标任务之前该招标者已经发布过几次任务，我们以此作为招标者的经验值来验证上述假设，可是实际数据的统计结果推翻了该假设，见表 7－4。这说明质量描述的确定程度和招标者的市场经验无关，同时也说明招标者的市场经验并没有转化为学习效应，让招标者给出更确定的质量描述。

表 7－4　招标者经验和质量描述确定程度之间的相关性

		招标者经验	质量描述确定程度
招标者经验	Pearson 相关性	1	.006
	Sig.（双侧）		.944
	N	124	124
质量描述确定程度	Pearson 相关性	.006	1
	Sig.（双侧）	.944	
	N	124	124

最后，我们还研究了质量描述的确定程度和任务预算之间的相关性。从图 7－9 可以看出不同预算任务的质量描述的确定程度平均值存在差异，所以我们假设质量描述的确定程度和任务预算相关。但是，表 7－5 和 7－6 显示它们之间的差异并没有达到显著的程度，也就是说任务预算和质量描述的确定程度之间没有显著相关性。

表 7－5　任务预算和质量描述确定程度之间的 ANOVA 测试

	平方和	df	均方	F	显著性
组间	12.747	2	6.373	1.056	.351
组内	736.053	122	6.033		
总数	748.800	124			

表 7-6　不同预算任务的质量描述确定程度的分组比较

(I)预算任务	(J)预算任务	均值差(I—J)	标准误	显著性	95%置信区间	
					下限	上限
1	2	.694	.487	.365	—.51	1.90
	3	.446	.667	.800	—1.21	2.10
2	1	—.694	.487	.365	—1.90	.51
	3	—.248	.709	.941	—2.00	1.51
3	1	—.446	.667	.800	—2.10	1.21
	2	.248	.709	.941	—1.51	2.00

通过上述统计分析，我们可以总结出以下两点：第一，成功招标的任务相对于未成功招标的任务而言，其质量描述更为明确完整；第二，质量描述的确定性与招标者的市场经验和任务预算大小无显著关系。

7.4.4　实证研究总结

我们基于实际的招标交易数据进行了实证研究，得到以下结果：①在知识产品在线招标中，大部分的招标者不会给出任何偏好信息，只有小部分的招标者会说明自己特别看重的某些效用因素；几乎所有的招标者都不会公布自己的效用函数；并且在所有公开偏好的招标任务中，以看重价格因素的居多。②成功招标的任务相对于未成功招标的任务而言，其质量描述更为明确完整。③质量描述的确定性与招标者的市场经验和任务的预算大小无显著关系。

以上关于偏好显示的研究成果表明，在线采购知识产品的招标者和在线采购普通商品的招标者一样选择不公开或者部分公开自己的偏好信息。虽然我们的实证研究表明，是否公开偏好信息对于是否能成功完成招标并无显著影响，但是根据理论研究的结果，是否公开偏好信息会对招标者的收益和社会福利产生影响(Strecker 2003)，因此市场设计者应该考虑如何采取措施来诱导和帮助招标者公开自己的偏好信息。在前面的理论综述部分，我们提到了若干种方法，而这些方法在知识产品招标的环境下是否可行还需要进一步的研究。

以上关于质量描述的研究成果验证了质量描述对招标是否能成功存在影响，提醒市场设计者或招标者应该重视质量描述的明确性和完整性。另一方面，实证结果没有显示招标者的市场经验和任务预算大小会对质量描述产生影响，今后的研究有必要再尝试寻找和验证其他可能的影响因素。

参考文献

[1] Ainslie G. 1992. Picoeconomics: The strategic Interaction of Successive Motivational States within the Person [M]. Cambridge University Press, Cambridge, England.

[2] Anandalingam G, Day R W, Raghavan S. 2005. The Landscape of Electronic Market Design [J]. Management Science, 51(3):316 - 327.

[3] Anton J, Yao D. 1994. Expropriation and Inventions: Appropriable Rents in the Absence of Property Rights [J]. American Economic Review, 84(1):190 - 209.

[4] Aoyagi M. 2010. Information Feedback in a Dynamic Tournament [J]. Games and Economic Behavior, Article in Press, doi:10.1016/j.geb.2010.01.013.

[5] Archak N, Sundararajan A. 2009. Optimal Design of Crowdsourcing Contests [C]. Proceedings of the 30th International Conference on Information Systems, Phoenix.

[6] Arrow K. 1962. Economic Welfare and the Allocation of Resources for Invention [M], in The Rate and Direction of Inventive Activity (R. Nelson ed.), Princeton University Press.

[7] Asker J, Cantillon E. 2008. Properties of Scoring Auctions [J], RAND Journal of Economics, 39(1):69:85.

[8] Bakos Y. 1991. A Strategic Analysis of Electronic Marketplaces [J], MIS Quarterly, 15 (3):295 - 310.

[9] Bakos Y. 1997. Reducing Buyer Search Costs: Implications for Electronic Marketplaces [J]. Management Science, 43(12):1676 - 1692.

[10] Bakos Y. 1998. The Emerging Role of Electronic Marketplaces on the Internet [J]. Communications of the ACM, 41(8):35 - 42.

[11] Bakos Y, Brynjolfsson E. 1999. Bundling Information Goods: Pricing, Profits and Efficiency [J], Management Science, 45(12):1613 - 1630.

[12] Barut Y, Dan K. 1998. The Symmetric Multiple Prize All-Pay Auction with Complete Information [J]. European Journal of Political Economy, 14(4):627 - 644.

[13] Beil D R, Wein L M. 2003. An Inverse-Optimization-Based Auction Mechanism to Support a Multi-Attribute RFQ Process [J]. Management Science, 49(11):1529 - 1545.

[14] Bellosta M J, Brigui I, Kornman S, Vanderpooten D. 2004. A Multi-Criteria Model for Electronic Auctions, ACM Symposium on Applied Computing [C]. SAC, Nicosia,

Cyprus, 759 - 765.

[15] Bichler M. 2000. An Experimental Analysis of Multi-Attribute Auctions [J]. Decision Support System, 29:249 - 268.

[16] Bichler M, Kalagnanam J. 2005. Configurable Offers and Winner Determination in Multi-Attribute Auctions [J]. European Journal of Operation Research, 160(2):380 - 394.

[17] Branco F. 1997. Sequential Auctions with Synergies: An Example [J]. Economics Letters, 54(2):159 - 163.

[18] Burmetister A. 2002. A Practical Approach to Multi-Attribute Auctions [R]. DEXA Workshop. 4:670 - 674.

[19] Butler J C, Dyer J S, Jia J, Tomak K. 2008. Enabling E-Transactions with Multiattribute Preference Models [J]. European Journal of Operational Research, 186:748 - 765.

[20] Che Y-K. 1993. Design Competition Through Multidimensional Auctions [J]. RAND Journal of Economics, 24(4):668 - 680.

[21] Che Y-K, Gale I. 2003. Optimal Design of Research Contests [J]. American Economic Review, 93(3): 646 - 671.

[22] Chen-Ritzo C-H, Harrison T P, Kwasnica A M, Thomas D J. 2005. Better, Faster, Cheaper: An Experimental Analysis of A Multiattribute Reverse Auction Mechanism with Restricted Information Feedback [J]. Management Science, 51(12):1753,1762.

[23] Clark D J, Riis C. 1998. Competition over More Than One Prize [J]. American Economic Review, 88(1):276 - 289.

[24] Clark T H, Lee H G. 1999. Electronic Intermediaries: Trust Building and Market Differentiation [C], Proceedings of the 32nd Annual Hawaii International Conference on System Sciences, 5038.

[25] Cohen C, Kaplan T R, Sela A. 2008. Optimal Rewards in Contests [J]. RAND Journal of Economics, 39(2):434 - 451.

[26] Dasgupta P, Nti K. 1998. Designing an Optimal Contest [J]. European Journal of Political Economy, 14(4):587 - 603.

[27] Dasgupta P. 1986. The Theory of Technological Competition [M], in Stiglitz, J. and G. Mathewson (eds.), New Developments in the Analysis of Market Structure. Cambridge, MA: MIT Press.

[28] Dellarocas, C. 2006. Reputation Mechanisms [M], in Handbook on Economics and Information Systems (T. Hendershott ed.), Elsevier Publishing, 629 - 657.

[29] Dewan S, Hsu V. 2004. Adverse Selection in Electronic Markets: Evidence from Online Stamp Auctions [J]. Journal of Industrial Economics, 52(4):497 - 516.

[30] De Smet Y. 2007. Multi-Criteria Auctions without Full Comparability of Bids [J]. European Journal of Operational Research, 177(33):1433 - 1452.

[31] DiPalantino D, Vojnovic M. 2009. Crowdsourcing and All-Pay Auctions [C]. Proceedings of the 10th ACM Conference on Electronic Commerce, Stanford.

[32] Ederer F. 2009. Feedback and motivation in Dynamic Tournaments, Working Paper,

University of California, Los Angeles.

[33] Elmaghraby W. 2007. Auctions within e-Sourcing Events [J]. Production and Operations Management, 16:409 - 422.

[34] Engelbrecht-Wiggans R, Haruvy E, Katok E. 2007. A Comparison of Buyer-Determined and Price-Based Multiattribute Mechanisms [J]. Marketing Science, 26(5):629 - 641.

[35] Fullerton R L, Linster B G, McKee M, Slate S. 2002. Using Auctions to Reward Tournament Winners: Theory and Experimental Investigations [J]. RAND Journal of Economics, 33(1): 62 - 84.

[36] Fullerton R L, McAfee R P. 1999. Auctioning Entry into Tournaments [J], Journal of Political Economy, 107(3),573 - 605.

[37] Gans J, Hsu D, Stern S. 2002. When does Start-up Innovation Spur the Gale of Creative Destruction? [J]. RAND Journal of Economics, 33(4):571 - 586.

[38] Gershkov A, Perry M. 2009. Tournaments with Midterm Reviews [J], Games and Economic Behavior, 66(1):162 - 190.

[39] Gimenez-Funes E, Godo L, Rodrigues-Aguilar J A et al. 1998. Designing bidding strategies for trading agents in electronic auctions [C]. In Proceedings of the Third International Conference on Multi-Agent Systems (ICMAS'98), Paris, France, 136 - 143.

[40] Glazer A, Hassin R. 1988. Optimal Contests [J], Economic Inquiry, 26(1):133 - 143.

[41] Gogolin M, Klein S. 2005. A Framework for Electronic Marketplace Design in a Competitive Environment [C], Proceedings of the 12th Research Symposium on Emerging Electronic Markets, 150 - 168.

[42] Goltsman M, Mukherjee A. 2006. Information Disclosure in Multistage Tournaments, Working Paper, University of Western Ontario and Bates White LLC.

[43] Gradstein M, Konrad K. 1999. Orchestrating Rent Seeking Contests [J], Economic Journal, 109(458):535 - 545.

[44] Green J R, Stokey N L. 1983. A Comparison of Tournaments and Contracts [J]. Journal of Political Economics, 91:349 - 364.

[45] Green L, Myerson J. 1993. Alternative Frameworks for the Analysis of Self Control [J]. Behavior and Philosophy, 21(1):37 - 47.

[46] Green L, Myerson J. 2004. A Discounting Framework for Choice with Delayed and Probabilistic Rewards [J]. Psychological Bulletin, 130:769 - 792.

[47] Hillman A, Riley J. 1989. Politically Contestable Rents and Transfers [J], Economics and Politics, 1(1):17 - 39.

[48] Hvide H K. 2002. Tournament Rewards and Risk Taking [J]. Journal of Labor Economics, 20:877 - 898.

[49] Jap S D. 2002. Online Reverse Auctions: Issues, Themes, and Prospects for the Future [J]. Journal of the Academy of Marketing Science, 30(4):506 - 525.

[50] Jin G Z, Kato A. 2007. Dividing Online and Offline: A Case Study [J]. Review of Economic Studies, 74(4): 981 - 1004.

[51] Kagel J H, Battalio R C, Green L. 1995. Economic Choice Theory: An Experimental Analysis of Animal Behavior [M]. Cambridge University Press, Cambridge, England.

[52] Konrad K. 2000. Trade Contests [J], Journal of International Economics, 51(2):317 - 334.

[53] Konrad K. 2004. Bidding in Hierarchies [J]. European Economic Review, 48(6):1301 - 1308.

[54] Koppius, O. R. 2002. Information Architecture and Electronic Markets Performance [D], PhD thesis, Erasmus University of Rotterdam.

[55] Koppius, O. R. and van Heck, E. 2003. Information Architecture and Electronic Market Performance: The Case of Multidimensional Auctions, Working Paper, Rotterdam School of Management, Erasmus University Rotterdam.

[56] Lai E, Riezman R, Wang P. 2009. Outsourcing of Innovation [J]. Economic Theory, (3):485 - 515.

[57] Lakhani K R. 2008. Case Study of InnoCentive. com [R], Harvard University, 9 - 608 - 170.

[58] Lakhani K R, Jeppesen L B, Lohse P A, Panetta J A. 2007. The Value of Openness in Scientific Problem Solving. Working Paper, Harvard Business School.

[59] Lazear E P, Rosen S. 1981. Rank-Order Tournaments as Optimum Labor Contracts [J]. Journal of Political Economics, 89:841 - 864.

[60] Lizzeri A, Meyer M, Persico N. 2002. The Incentive Effects of Interim Performance Evaluations, CARESS Working Paper, 02 - 09.

[61] Madhavan A. 2000. Market Microstructure: A Survey [J], Journal of Financial Markets, 3:205 - 258.

[62] Malone T W, Joanne Y, Benjamin R I. 1987. Electronic Markets and Electronic Hierarchies [J]. Communications of the ACM, 30(6):484 - 497.

[63] McAfee R P, McMillan J. 1987. Auction and Bidding [J]. Journal of Economic Literature, 25(2):699 - 738.

[64] Milgrom P. 1989. Auctions and Bidding: A Primer [J]. Journal of Economics Perspectives, 3(3),3 - 22.

[65] Mishna D, Veeraman D. A. 2002. Multi-Attribute Reverse Auction for Outsourcing [C]. Proceeding of the 13th International Workshop on Database and Expert System Applications, 675 - 679.

[66] Moldovanu B, Sela A. 2001. The Optimal Allocation of Prizes in Contests [J]. The American Economic Review, 91(3):542 - 558.

[67] Moldovanu B, Sela A. 2006. Contest Architecture [J]. Journal of Economic Theory, 126 (1):70 - 96.

[68] Myerson R B. 1981. Optimal Auction Design [J]. Mathematics of Operations Research, 2:58 - 73.

[69] Nalebuff B J, Stiglitz J E. 1983. Prizes and Incentives: Towards a General Theory of Compensation and Competition [J]. The Bell Journal of Economics, 14(1):21 - 43.

[70] Pinker E J, Seidmann A, Vakrat Y. 2003. Managing Online Auctions: Current Business and Research Issues [J]. Management Science, 49(11):1457 - 1484.

[71] Riley J, Samuelson W. 1981. Optimal Auctions [J]. American Economic Review, 71:381 - 392.

[72] Rosen S. 1986. Prizes and Incentives in Elimination Tournaments [J], American Economic Review, 76(4):701 - 15.

[73] Samuelson W F. 1985. Competitive Bidding with Entry Costs [J], Economic Letter, 17(1 - 2): 53 - 57.

[74] Schottner A. 2008. Fixed-Prize Tournaments versus First-Price Auctions in Innovation Contests [J]. Economic Theory, 35(1):57 - 71.

[75] Shaked M, Shanthikumar J. 1994. Stochastic Orders and Their Applications, Probability and Mathematical Statistics [M], Academic Press, San Diego.

[76] Snir E M, Hitt L M. 2003. Costly Bidding in Online Markets for IT Services [J], Management Science, 49(11):1504 - 1520.

[77] Strecker S. 2003. Preference Revelation in Multi-Attribute Reverse Auctions: a Laboratory Study [C], Proceedings of the 24th International Conference on Information Systems, 271 - 282.

[78] Sundararajan A. 2004. Nonlinear Pricing of Information Goods [J], Management Science, 50(12):1660 - 1673.

[79] Taylor C. 1995. Digging for Golden Carrots: An Analysis of Research Tournaments [J]. American Economic Review, 85(4):872 - 890.

[80] Teich J E, Wallenius H, Wallenius J. 1999. Multiple-Issue Auction and Market Algorithms for the World Wide Web [J], Decision Support Systems, 26(1):49 - 66.

[81] Teich J E, Wallenius H, Wallenius J, Zaitsev A. 2001. Designing Electronic Auctions: An Internet-Based Hybrid Procedure Combining Aspects of Negotiations and Auctions [J]. Journal of Electronic Commerce Research, 1: 301 - 314.

[82] Teich J E, Wallenius H, Wallenius J, Zaitsev A. 2006. A Multi-Attribute E-Auction Mechanism for Procurement: Theoretical Foundations [J]. European Journal of Operational Research, 175: 90 - 100.

[83] Terwiesch C, Xu Y. 2008. Innovation Contests, Open Innovation, and Multiagent Problem Solving [J]. Management Science, 54(9): 1529 - 1543.

[84] Thiel S. 1988. Multidimensional Auctions [J]. Economics Letters, 28(1):37 - 40.

[85] Vickrey W. 1961. Counterspeculation, Auctions and Competitive Sealed Tenders [J]. Journal of Finance, 16(1):8 - 37.

[86] Wagner S M, Schwab A P. 2004. Setting the Stage for Successful Electronic Reverse Auctions [J]. Journal of Purchasing and Supply Management, 10(1):11 - 26.

[87] Williamson, O. E. 1975. Markets and Hierarchies: Analysis and Antitrust Implications [M]. New York, NY: Free Press.

[88] Wright B D. 1983. The Economics of Invention Incentives: Patents, Prizes and Research Contracts [J]. The American Economic Review, 73(4):691 - 707.

[89] Yang J, Adamic L, Ackerman M. 2008. Crowdsourcing and Knowledge Sharing: Strategic User Behavior on Taskcn [C]. Proceedings of the 9th ACM International Conference on Electronic Commerce, 246 - 255.

[90] Yang Y, Chen P Y. Pavlou P. 2009. Open Innovation: Strategic Design of Online Contests [C]. Proceedings of the 20th Workshop of Information Systems and Economics, Phoenix.

[91] 陈志俊,张昕竹.科研资助的激励机制研究[J].经济学季刊,2004,4(1):1-26.

[92] 费方域,李靖,郑育家,蒋士成.企业的研发外包:一个综述[J].经济学季刊,2009,8(3):1107-1162.

[93] 黄河,徐鸿雁,陈剑.基于拍卖—谈判的多因素多物品采购机制设计[J].系统工程学报,2009,24(6):315-321.

[94] 蒋兴红,尤惠,伍菊英.知识产品的经济学分析[J].经济论坛,2003(2):21-22.

[95] 金漳,石纯一.一种暗标叫价的多属性拍卖方法[J].计算机学报,2006(1):145-152.

[96] 李心祥,陈又星,张小兰.关于知识产品的特征分析[J].经济师,2001(2):145.

[97] 林仲豪.关系型契约的特征、内容及履约机制[J].改革与战略,2008,24(5):9-11.

[98] 南振兴.知识与知识产品辨析[J].经济学家,2003(1):112-114.

[99] 于红岩,刘仲英.基于拍卖方偏好揭示的多属性网上拍卖模型[J],系统工程,2008,26(3):53-58.

[100] 夏晓华,王美今.竞赛中的最优奖励:一个拍卖分析框架[J].经济学季刊,2008,8(1):23-40.

[101] 谢安石,李一军,尚维,李燕.拍卖理论的最新进展—多属性网上拍卖研究[J].管理工程学报,2006(3):17-21.

[102] 张海涛,唐元虎.知识产品的定价研究[J].价格理论和实践,2003(9):54-55.

[103] 周俊强.知识、知识产品、知识产权—知识产权法基本概念的法理解读[J].法制与社会发展,2004(4):43-49.

索　引